D1688277

Stephan Schoch

Kundenindividuelle Produktempfehlung in der Finanzbranche: Analyse der Eignung bedarfsorientierter und statistischer Ansätze

Bachelor + Master
Publishing

Schoch, Stephan: Kundenindividuelle Produktempfehlung in der Finanzbranche: Analyse der Eignung bedarfsorientierter und statistischer Ansätze, Hamburg, Diplomica Verlag GmbH 2012

Originaltitel der Abschlussarbeit: Analyse der Eignung bedarforientierter und statistischer Ansätze zur kundenindividuellen Produktempfehlung in der Finanzbranche

ISBN: 978-3-86341-153-4
Druck: Bachelor + Master Publishing, ein Imprint der Diplomica® Verlag GmbH, Hamburg, 2012
Zugl. Universität Regensburg, Regensburg, Deutschland, Bachelorarbeit, 2011

Bibliografische Information der Deutschen Nationalbibliothek:
Die Deutsche Nationalbibliothek verzeichnet diese Publikation in der Deutschen Nationalbibliografie;
detaillierte bibliografische Daten sind im Internet über http://dnb.d-nb.de abrufbar.

Die digitale Ausgabe (eBook-Ausgabe) dieses Titels trägt die ISBN 978-3-86341-653-9 und kann über den Handel oder den Verlag bezogen werden.

Dieses Werk ist urheberrechtlich geschützt. Die dadurch begründeten Rechte, insbesondere die der Übersetzung, des Nachdrucks, des Vortrags, der Entnahme von Abbildungen und Tabellen, der Funksendung, der Mikroverfilmung oder der Vervielfältigung auf anderen Wegen und der Speicherung in Datenverarbeitungsanlagen, bleiben, auch bei nur auszugsweiser Verwertung, vorbehalten. Eine Vervielfältigung dieses Werkes oder von Teilen dieses Werkes ist auch im Einzelfall nur in den Grenzen der gesetzlichen Bestimmungen des Urheberrechtsgesetzes der Bundesrepublik Deutschland in der jeweils geltenden Fassung zulässig. Sie ist grundsätzlich vergütungspflichtig. Zuwiderhandlungen unterliegen den Strafbestimmungen des Urheberrechtes.

Die Wiedergabe von Gebrauchsnamen, Handelsnamen, Warenbezeichnungen usw. in diesem Werk berechtigt auch ohne besondere Kennzeichnung nicht zu der Annahme, dass solche Namen im Sinne der Warenzeichen- und Markenschutz-Gesetzgebung als frei zu betrachten wären und daher von jedermann benutzt werden dürften.

Die Informationen in diesem Werk wurden mit Sorgfalt erarbeitet. Dennoch können Fehler nicht vollständig ausgeschlossen werden, und die Diplomarbeiten Agentur, die Autoren oder Übersetzer übernehmen keine juristische Verantwortung oder irgendeine Haftung für evtl. verbliebene fehlerhafte Angaben und deren Folgen.

© Bachelor + Master Publishing, ein Imprint der Diplomica® Verlag GmbH
http://www.diplom.de, Hamburg 2012
Printed in Germany

Inhaltsverzeichnis

Abkürzungsverzeichnis I
Abbildungsverzeichnis I
Tabellenverzeichnis II
1. Motivation und Ziel der Arbeit 3
2. Individuelle Kundenansprache als Bestandteil des Direktmarketing 7
   2.1 Definition der Individuellen Kundenansprache im Direktmarketing 8
   2.2 Vorteile und Ziele 8
   2.3 Strategietrend vom Massenmarketing zum kundenindividuellen Marketing 10
3. Aktuelle wissenschaftliche Verfahren zur Unterstützung einer kundenindividuellen Produktempfehlung 13
   3.1 Entwicklung eines Kriterienkataloges zur Beurteilung der Verfahren 14
      3.1.1 Methode der Kriterienauswahl und Herkunft der Kriterien 14
      3.1.2 Kriterienkatalog zur Bewertung der Verfahren 15
   3.2 Produktempfehlung 17
   3.3 Bedarfsorientierte Modelle 19
      3.3.1 Segmentierungskriterien als Grundlage der bedarfsorientierten Modelle 22
      3.3.2 Mikrogeographische Segmentierung 26
      3.3.3 Soziale Schichtung 29
      3.3.4 Lifestyle Typologie 33
   3.4 Multivariate Analysemethoden 36
      3.4.1 Clusteranalyse 38
      3.4.2 Logistische Regressionsanalyse 41
      3.4.3 Entscheidungsbäume 45
   3.5 Analyse der Stärken und Schwächen der vorgestellten Verfahren 51
4. Kombination aus statistischem und bedarfsorientiertem Ansatz 57
5. Ausblick 59
Literaturverzeichnis LXI
Der Autor LXIV

Abkürzungsverzeichnis

bzw.	beziehungsweise
ca.	circa
Diss.	Dissertation
GfK	Gesellschaft für Konsum- und Absatzforschung
Hrsg.	Herausgeber
ROI	Return on Investment
S.	Seite
SMS	Short Message Service
u.a.	unter anderem
vgl.	vergleiche
z.B.	zum Beispiel

Abbildungsverzeichnis

Abbildung 1: Kundenbindungsinstrumente 9
Abbildung 2: Entwicklung vom undifferenzierten zum kundenindividuellen Marketing 11
Abbildung 3: Ablauf zur Erstellung einer Produktempfehlung aus den Kundensegmenten 20
Abbildung 4: Screenshots aus dem Sparkasse Finanzcheck 21
Abbildung 5: Kriterien der Marktsegmentierung 26
Abbildung 6: Einfaches Beispiel eines Entscheidungsbaumes 47
Abbildung 7: Kombination eines bedarfsorientierten und eines statistischen Verfahren 57

Tabellenverzeichnis

Tabelle 1: Unterschiede zwischen der Bearbeitung eines Massenmarktes oder eines einzelnen Kunden 12
Tabelle 2: Übersicht über die Kriterien aus dem Teilbereich „Bedarfsermittlungs-Methode" 15
Tabelle 3: Übersicht über die Kriterien aus dem Teilbereich „Modellaufbau".......... 16
Tabelle 4: Übersicht über die Kriterien aus dem Teilbereich „Qualität" 17
Tabelle 5: Übersicht über die Kriterien aus dem Teilbereich "Anwendung in der Bankpraxis" 18
Tabelle 6: Bewertung der Bedarfsermittlungs-Methode der mikrogeographischen Segmentierung 27
Tabelle 7: Bewertung des Modellaufbaus der mikrogeographischen Segmentierung 27
Tabelle 8: Bewertung der Qualität der mikrogeographischen Segmentierung 28
Tabelle 9: Bewertung der mikrogeographischen Segmentierung für die Anwendung in der Bankpraxis 29
Tabelle 10: Bewertung der Bedarfsermittlungs-Methode der sozialen Schichtung 30
Tabelle 11: Bewertung des Modellaufbaus der sozialen Schichtung 31
Tabelle 12: Bewertung der Qualität der sozialen Schichtung 32
Tabelle 13: Bewertung der sozialen Schichtung für die Anwendung in der Bankpraxis 32
Tabelle 14: Bewertung der Bedarfsermittlungs-Methode der Lifestyle Typologie 33
Tabelle 15: Bewertung des Modellaufbaus der Lifestyle Typologie 34
Tabelle 16: Bewertung der Qualität der Lifestyle Typologie 35
Tabelle 17: Bewertung der Lifestyle Typologie für die Anwendung in der Bankpraxis 36
Tabelle 18: Bewertung der Bedarfsermittlungs-Methode der Clusteranalyse 39
Tabelle 19: Bewertung des Modellaufbaus der Clusteranalyse 39
Tabelle 20: Bewertung der Qualität der Clusteranalyse 40
Tabelle 21: Bewertung der Clusteranalyse für die Anwendung in der Bankpraxis 41
Tabelle 22: Bewertung der Bedarfsermittlungs-Methode der logistischen Regressionsanalyse 43
Tabelle 23: Bewertung des Modellaufbaus der logistischen Regressionsanalyse 43
Tabelle 24: Bewertung der Qualität der logistischen Regressionsanalyse 44
Tabelle 25: Bewertung der logistischen Regressionsanalyse für die Anwendung in der Bankpraxis 45
Tabelle 26: Bewertung der Bedarfsermittlungs-Methode der Entscheidungsbäume 47
Tabelle 27: Bewertung des Modellaufbaus der Entscheidungsbäume 48
Tabelle 28: Bewertung der Qualität der Entscheidungsbäume 49
Tabelle 29: Bewertung der Entscheidungsbäume für die Anwendung in der Bankpraxis 49
Tabelle 30: Übersicht über die Bewertung der vorgestellten Verfahren 51
Tabelle 31: Stärken und Schwächen der Verfahren zur Erstellung einer Produktempfehlung 54

1. Motivation und Ziel der Arbeit

Die bestimmenden Rahmenbedingungen des Finanzdienstleistungssektors befinden sich im Wandel. Die Finanzdienstleistungsunternehmen haben mit sinkender Loyalität und erhöhter Wechselbereitschaft der Kunden zu kämpfen, und auf dem Markt herrscht im Gegensatz zu früher ein größerer Konkurrenzkampf mit anderen Wettbewerbern, wie z.B. Banken und Versicherungen. (vgl. [Bartmann 2003, S.43])

Diese Entwicklung hat mehrere Ursachen. So wird der Finanzdienstleistungssektor durch Deregulierungs- und Liberalisierungstendenzen, sowie durch Globalisierungs- und Internationalisierungsentwicklungen entscheidend beeinflusst. Durch die Deregulierung des europäischen Finanzmarktes wird ein weitgehend einheitlicher europäischer Wirtschafts- und Währungsraum geschaffen, welcher den traditionell abgeschotteten Bankenmarkt öffnet. Ein Kennzeichen der Globalisierung ist die Vernetzung weltweiter Finanzdienstleistungsmärkte, wodurch geographische Grenzen aufgebrochen werden und den Banken das Agieren auf dem gesamten Weltmarkt ermöglicht wird. (vgl.[Bartmann 2003, S.47])

Grundvorrausetzung für diese Entwicklung sind neue technologische Möglichkeiten wie das Internet, mit dem über verschiedene Endgeräte (SB-Automat, PC, Telefon, Handy, etc.) an unterschiedlichen Orten, Bankgeschäfte abgewickelt werden können. (vgl. [Bartmann 2003, S.45])

Neben den bereits erwähnten Tendenzen führt auch der Eintritt neuer Marktteilnehmer, beispielsweise von Direktbanken, Newcomern[1], Non-banks[2] oder Near-Banks[3] zu einem erhöhtem Wettbewerb unter den Banken, und damit zu einem Ringen der Unternehmen um die Kunden. (vgl. [Bartmann 2003, S.49/50])

---

[1] Newcomer „übernehmen Funktionen, die in der Vergangenheit klassischerweise den Banken vorbehalten waren. Aktuelles Beispiel ist der Vorstoß von Automobilherstellern wie BMW" [Bartmann 2003, S.49]

[2] Unter Non-banks versteht man Unternehmen des Nichtbankbereichs, v.a. Anbieter von einzelnen Finanzdienstleistungen (z.B. Kaufhäuser, die nur Kundenkarten als Zahlungskarten ausgeben)." [Krumnov/ Gramlich 2000, S. 968]

[3] Near Banks sind „banknahe Institute (Institutionen), die Finanzdiensnstleistungen anbieten, die keine Bankgeschäfte ... sind."[Krumnov/ Gramlich 2000, S. 956] Zu den Near Banks zählen z.B. Versicherungen, Leasing-Gesellschaften oder Kreditkartengesellschaften.

Die sinkende Loyalität der Kunden kann mit dem Übergang vom Verkäufer - zum Käufermarkt begründet werden. Durch die erhöhte Anzahl an Wettbewerbern bekommt der Kunde Alternativen und hat die Möglichkeit, zwischen den Leistungen verschiedener Banken abzuwägen. Hinzu kommt, dass sich die Kunden besser über die angebotenen Finanzdienstleistungen informieren („u.a. bedingt durch die verbesserten Informations- und Vergleichsmöglichkeiten der neuen Medien"[Kleiner 2008, S.46]), und sich für das Produkt entscheiden, dass ihren individuellen Bedarf am besten abdeckt, unabhängig davon, wer es anbietet. Daraus ergeben sich häufige Institutswechsel und Mehrfachbankverbindungen der Kunden. Diese Veränderung auf Seiten der Nachfrager und eine bei Banken kaum vorhandene Differenzierungsmöglichkeit durch die Produkte hat zur Folge, dass die Strategie der Banken nicht mehr danach ausgerichtet ist, ein bestimmtes Produkt über ein leistungsfähiges Vertriebssystem an möglichst viele Personen zu vermitteln, sondern der Finanzdienstleister orientiert sich mehr am Kunden, und versucht ihn durch Verkaufs- und Absatzförderungsmaßnahmen für ein Produkt zu motivieren. Solche Maßnahmen sind aber mit hohen Kosten und Streuverlusten verbunden, wenn sie nicht zielgerichtet eingesetzt werden. (vgl. [Bartmann 2003, S.2/3]

Mithilfe dieser Kundenorientierung[4] soll auch auf die zukünftigen Entwicklungstendenzen eingegangen werden. So wird z.B. durch Direktmarketingmaßnahmen und einer damit verbundenen individualisierten Kundenansprache versucht, Vorteile aus der zunehmend differenzierten Nutzung verschiedener Vertriebskanäle durch die Bankkunden zu gewinnen, oder der zu erwartenden, weiter abnehmenden Kundenbindung entgegen zu wirken. (vgl. [Kleiner 2008, S.55]

Dabei stellt sich die Frage, wie Tausende von Kunden individuell auf ein Produkt angesprochen werden können, obwohl noch nie ein persönlicher Kontakt zwischen dem Unternehmen und dem Kunden bestand. Mit dieser Fragestellung beschäftigt sich die vorliegende Arbeit.

Auf den folgenden Seiten werden die Verfahren vorgestellt und anhand von Bewertungskriterien verglichen, die es ermöglichen, einem Kunden ein passendes Produkt zuzuordnen, und damit die Grundlage für Direktmarketing-

---

[4] „bezeichnet die unternehmensweite Gewinnung von Informationen über gegenwärtige und zukünftige Kundenbedürfnisse" [Bruhn/Homburg 2001, S.454]

maßnahmen legen. Außerdem wird erörtert, welche Kombinationsmöglichkeiten der unterschiedlichen Ansätze gegebenenfalls sinnvoll sind, um die Qualität der Ergebnisse zu verbessern. Insgesamt soll die Arbeit einen Überblick darüber geben, welche Möglichkeiten existieren, um große Mengen von Kunden individualisiert anzusprechen. Darüber hinaus soll sie Ansatzpunkte für weitere Überlegungen auf diesem Gebiet liefern.

2. Individuelle Kundenansprache als Bestandteil des Direktmarketing

Der Einsatz von Direktmarketing gewinnt in der Werbung immer mehr an Bedeutung, im Jahr 2005 wurden in Deutschland 31,7 Milliarden Euro in diese Form des Marketings investiert. Damit sind die Ausgaben gegenüber 2001 um 50% gestiegen. Insgesamt werden etwa zwei Drittel der Marketingausgaben in den Dialog mit Kunden investiert. (vgl. [Lis 2009, S.2-3])

„Direktmarketing umfasst im Kern einen geplanten datenbankgestützten, individuellen Kommunikationsprozess anhand ein oder mehrerer Medien…, wobei die direkte Kommunikation den Schwerpunkt der Unternehmensaktivität bildet"[Lis 2009, S.19]. Diese Definition verdeutlicht den hohen Stellenwert der individuellen Kundenansprache für das Direktmarketing. Diese Art der direkten Kommunikation wird vor allem durch rasante EDV-Entwicklungen und durch neue Techniken, wie z.B. dem mobilen Internet auf dem Handy gefördert, und hat mehrere Vorteile (siehe Kapitel 2.2).

Ein weiteres Merkmal des Direktmarketings ist das Response - Element, das eine Messung der Reaktion angesprochener Personen ermöglicht, und zeigt, ob die Zielpersonen beispielsweise das beworbene Produkt erworben, oder weiteres Informationsmaterial angefordert haben. Die Erkenntnisse der Response können zur Erfolgskontrolle der Werbemaßnahme oder für eine genauere Einschätzung des Kunden verwendet werden. Zu den Voraussetzungen solcher Maßnahmen gehört, dass die Zielgruppen bzw. Zielpersonen identifizierbar und bekannt seien müssen. Hierfür wird eine Datenbank mit detaillierten Informationen über die Kunden benötigt. (vgl. [Rudolph/Rudolph 2000, S. 67]) Direktmarketing eignet sich, wenn der Kauf bzw. das Angebot eine der Folgenden Bedingungen erfüllt: (vgl. [Holland 2004, S.5-9])

- Angebot mit hohem Involvement[5]
- Komplexer Kaufentscheidungsprozess, kein Impulskauf
- Kein geringwertiger Kauf
- Erklärungsbedürftiges Angebot

---

[5] Involvement „kann als das innere Engagement, mit dem sich ein Individuum einem Meinungsgegenstand widmet, definiert werden" [Bruhn/Homburg 2001, S.293]

Diese Bedingungen treffen auf Bankprodukte zu, sie setzten voraus, dass sich ein Kunde intensiv mit ihnen auseinandersetzt und sind oft mit erklärungsbedürftigen Voraussetzungen und Konditionen verbunden. Außerdem ist der Erwerb von Bankprodukten wohlüberlegt und erfolgt nur selten spontan.

2.1 Definition der Individuellen Kundenansprache im Direktmarketing

Mit der individuellen Kundenansprache soll ein für das Unternehmen relevanter bzw. potentieller Kunde zielgerichtet informiert und positiv beeinflusst werden. Durch direkte Werbemaßnahmen werden die Zielpersonen z.B. auf ein neues Produkt oder auf Produktänderungen aufmerksam gemacht. (vgl. [Meffert 2000, S.743])

Für die Durchführung solch einer direkten Ansprache bieten sich mehrere Medien an, hier sind beispielsweise die schriftliche Werbesendung, das Telefonmarketing und das neuen Medium Internet (vor allem Email) zu nennen. (vgl. [Meffert 2000, S.744])

2.2 Vorteile und Ziele

Aufgrund der Entwicklung der Kunden zu bezüglich der Wahl des Finanzunternehmens hybriden und multidimensionalen Konsumenten mit einem ständig wechselndem, unberechenbaren und konträrem Kaufverhaltensmuster wird es für Finanzdienstleistungsunternehmen zunehmend schwieriger, den Kunden langfristig an sich zu binden. Ein Versuch, diesem Trend entgegenzuwirken besteht in der individualisierten und zielgerichteten Kundenansprache. Dieser Ansatz beruht auf einem flexiblen Eingehen auf die spezifischen Wünsche und Bedürfnisse der einzelnen Kunden bzw. Kundengruppen. (vgl. [Rudolph/Rudolph 2000, S.23])

Laut einer Studie aus dem Jahr 2006 über die verwendeten und zukünftig geplanten Vertriebspraktiken[6] deutscher Banken, handelt es sich bei der zielgerichteten Kundenansprache um das am meisten verwendete Instrument zur Erhöhung der Kundenbindung. Die Ergebnisse der Studie, an der 82

---

[6] vgl. [Niemeyer/Nirschl 2006, S. 7-9]

Banken teilgenommen haben, zeigt folgende Graphik: (vgl. [Niemeyer/Nirschl 2006, S.23])

Abbildung 1: Kundenbindungsinstrumente

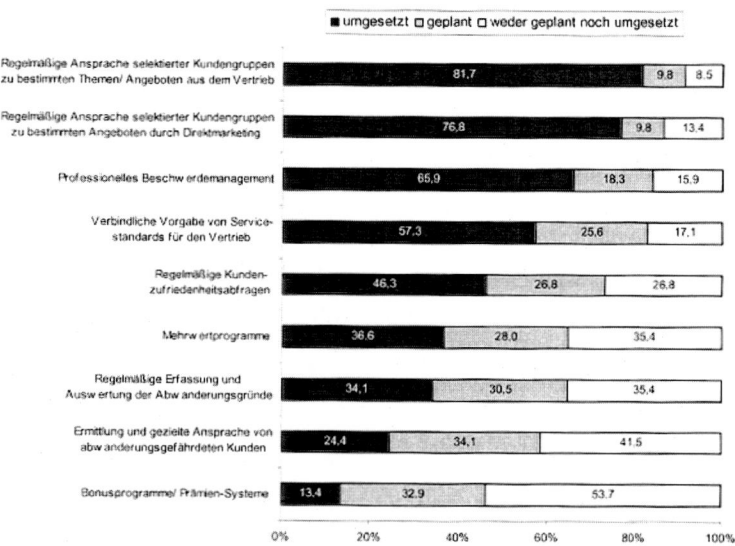

(Quelle: [Niemeyer/Nirschl 2006, S.30])

Das Schaubild verdeutlicht, dass ca. 80% der befragten Banken regelmäßig bestimmte Kundengruppen mit Direktmarketingmaßnahmen auf Angebote und Produkte ansprechen um die Kundenbindung zu erhöhen. Ein weiteres Ergebnis dieser Studie weist auf die Wichtigkeit der Kundenbindungsinstrumente für die Stärke des Vertriebs der Banken hin. 66,1 Prozent der befragten Institute bescheinigen den Verfahren zur Verbesserung der Kunde-Bank-Beziehung einen hohen Einfluss auf die Vertriebsstärke, während nur 3,2% diesen als gering erachten. (vgl. [Niemeyer/Nirschl 2006, S.30])

Mit dem Einsatz dieser Instrumente und der damit verbunden Erhöhung der Kundenbindung werden folgende Ziele verfolgt: (vgl. [Meffert et al. 2009, S. 1-3])

- Erhöhung der Kundenzufriedenheit, dem Kunden wird das Gefühl vermittelt, wichtig zu sein

- Langfristige Bindung der Kunden und Steigerung ihrer Loyalität gegenüber dem Unternehmen

- Abschöpfen bzw. Steigern des Ertragspotentials eines Kunden

- Kaufvolumens- oder Kauffrequenzsteigerungen, z.B. durch Cross Selling[7]
- Absatz höherwertigerer Produkte, z.B. durch Up Selling[8]

Neben dem bedeutendem Aspekt der Kundenbindung und der damit verfolgten Ziele spielen bei der zielgerichteten Kundenansprache noch weitere Aspekte eine Rolle. Durch Ausschöpfen der Kundenpotenziale können die Verkaufszahlen und der Umsatz des Unternehmens erhöht werden, und die Kontaktkosten können aufgrund geringerer Streuverluste gesenkt werden. Außerdem erhöht sich sie Akzeptanz der Kunden gegenüber der Werbemaßnahme und es besteht die Möglichkeit, neue Kunden durch eine direkte Ansprache zu aktivieren bzw. alte Kunden zu reaktivieren. (vgl. [Rudolph/Rudolph 2000, S.72])

2.3 Strategietrend vom Massenmarketing zum kundenindividuellen Marketing

In den Marketing-Wissenschaften zeichnet sich ein Trend bezüglich der Kundenansprache ab. Aufgrund der stetigen Fragmentierung[9] eines Massenmarktes in immer kleinere Teilmärkte, haben sich fünf Strategien herausgebildet, die sich bezüglich der Ziele und der Durchführung einer Marketingmaßnahme unterscheiden. Während in den 50er Jahren noch ein großer Massenmarkt mit dem gleichen Produkt beworben wurde, werden heute kleine Teilgruppen bis hin zum einzelnen Kunden individuell auf ein bestimmtes Produkt angesprochen. Folgende Abbildung gibt einen Überblick über die unterschiedlichen Marktbearbeitungsstrategien: (vgl. [Diller/Köhler 2008 S. 44-46]

---

[7] Cross Selling: „zielgerichtete Aktivitäten eines Anbieters zum Verkauf von mit Einstiegs- bzw. Kernleistungen verbundenen Zusatzleistungen an einen (potentiellen) Kunden" [Bruhn/Homburg 2001, S.114]

[8] Up Selling: „Anstrengungen der Unternehmenspraxis in Bezug auf den Absatz höherwertiger Produkte und Dienstleistungen innerhalb bestehender Kundenbeziehung[en]" [Meffert et al. 2009, S.2]

[9] Beispielsweise hat sich die Anzahl an Segmenten in der Automobilindustrie zwischen 1987 und 2000 von 9 auf 30 Segmente erhöht. (vgl. [Diller/Köhler 2008, S.45])

Abbildung 2: Entwicklung vom undifferenzierten zum kundenindividuellen Marketing

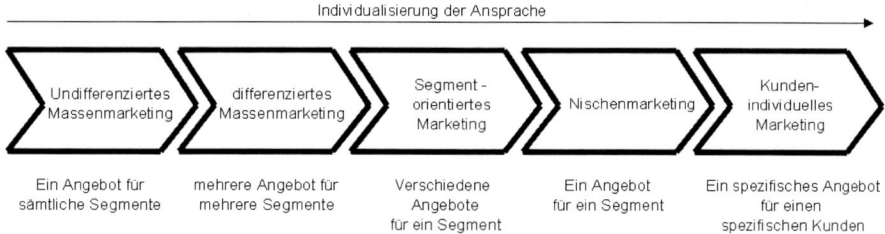

(Quelle: eigene Abbildung in Anlehnung an [Holland 2004, S.10])

Beim undifferenzierten Massenmarketing bietet ein Unternehmen dem gesamten Markt das gleiche Produkt an und ignoriert dabei mögliche Unterschiede zwischen potentiellen Marktsegmenten. Die Marketingmaßnahme zielt hier auf die Gemeinsamkeiten der Kunden, um möglichst viele zum Kauf zu animieren. Auf die Bedürfnisse der einzelnen Kunden wird nicht eingegangen. Aus diesem Vorgehen resultieren Degressionseffekte, z.B. die Minimierung von Produktions- oder Werbekosten pro Kunde, ähnlich wie sie bei einer Massenproduktion zu finden sind. (vgl. [Kleiner 2008, S.96])

Eine Weiterentwicklung stellt das differenzierte Massenmarketing dar. Mit dieser Strategie werden mehrere Marktsegmente mit spezifischen Produkten und Werbemaßnahmen bearbeitet. Das Eingehen auf die Bedürfnisse der Kunden führt bei den Unternehmen im Allgemeinen zu Umsatzsteigerungen[10]. Allerdings fallen durch die Identifizierung und Bildung der Segmente Kosten für die Marktforschung an, und der Degressionseffekt verkleinert sich. Das Segmentorientierte - bzw. das Nischenmarketing teilen den Gesamtmarkt weiter auf und zerlegen ihn in immer kleinere Segmente. Diese Strategien bearbeiten nicht mehr den ganzen Markt, sondern nur noch ein Segment bzw. eine Nische (Marktlücke). Dabei werden die Marketingmaßnahmen spezieller und der Bedarf des einzelnen Kunden rückt immer weiter in den Vordergrund. (vgl. [Diller/Köhler 2008 S.45];[Meffert 1986, S.254-255])

Mit dem kundenindividuellen Marketing ist die letzte Stufe der Marktsegmentierung erreicht und der einzelne Kunde wird in den Vordergrund gestellt. Um eine möglichst hohe Kaufwahrscheinlichkeit zu erzielen, wird jedem Kunden

---

[10] Das differenzierte Massenmarketing verursacht zwar in der Regel mehr Kosten, durch die Erhöhung der Qualität der Marketingmaßnahme steigt aber auch die Kapitalrendite (ROI).

das Produkt angeboten, dass seine Bedürfnisse am ehesten befriedigt. (vgl. [Diller/Köhler 2008 S.45-46])

Die fünf Marktbearbeitungsstrategien fokussieren sich wie oben erwähnt auf ein Spektrum vom Massenmarkt bis hin zum einzelnen Kunden. Die nachfolgende Tabelle verdeutlicht die Unterschiede dieser beiden Bearbeitungsfelder:

Tabelle 1: Unterschiede zwischen der Bearbeitung eines Massenmarktes oder eines einzelnen Kunden

	Massenmarkt	**Einzelner Kunde**
Zielperson	anonym	bekannt
Streuverluste	hoch	gering
Fokus auf	Gemeinsamkeiten (Durchschnittspersonen)	Unterschiede (Bedürfnisse einzelner)
Kosten	hoch	gering - hoch
Kommunikation	einseitig	zweiseitig
Beziehung zum Kunden	nicht vorhanden	vorhanden
Ziel	Degressionseffekte (Kostenminimierung)	Kundenbindung, Kundenakzeptanz

(Quelle: eigene Tabelle)

Die Tabelle zeigt hohe Kosten für eine Marketingmaßnahme auf dem Massenmarkt. Dies liegt an der großen Anzahl an Personen, die mit der Werbeaktion angesprochen werden sollen. Die Kosten für die Bearbeitung von einzelnen Kunden werden mit gering - hoch angegeben. Dies hat den Hintergrund, dass bei einer individuellen Kundenansprache die Zielpersonen und deren Bedürfnisse bekannt seien müssen. Außerdem wird die Information benötigt, welches Produkt am besten zu dem Kunden passt. Solche Informationen können z.B. dadurch gewonnen werden, dass ein Unternehmen einen persönlichen Kontakt zu jedem seiner Kunden hält, um den jeweiligen Bedarf zu erfahren. Dieses Vorgehen ist aber sehr aufwendig, mitarbeiter- und zeitintensiv und deswegen teuer, vor allem bei einem großen Kundenstamm. Um das Problem zu lösen und um Kosten einzusparen wurden Methoden entwickelt, die beispielsweise anhand verschiedener Daten aus der Datenbank die Bedürfnisse der Kunden erkennen und ausgeben können. Damit kann z.B. ein Werbebrief mit einer Produktempfehlung, die auf den Bedarf des Kunden abgestimmt ist, direkt an diesen verschickt werden, wobei geringe Kosten entstehen. Eine Auswahl solcher Verfahren zur Erkennung des Kundenbedarfs wird auf den folgenden Seiten vorgestellt.

3. Aktuelle wissenschaftliche Verfahren zur Unterstützung einer kundenindividuellen Produktempfehlung

Es existieren zwei unterschiedliche Methoden, mit denen das zu einem Kunden individuell passende Produkt ermittelt werden kann. Eine Möglichkeit besteht in der Einteilung eines heterogenen Gesamtmarktes in homogene Teilmärkte. Mit dieser Methode sollen Kundensegmente mit ähnlichen Wünschen, Bedürfnissen und Erwartungen gebildet werden (vgl. [Diller/Köhler 2008, S.29]). Diese Segmente stellen untereinander klar abgrenzbare Gruppen von Konsumenten dar, die mit speziell auf ihre Merkmale zugeschnittenen Produktempfehlungen bearbeitet werden können. (vgl. [Kesting/Rennhak 2008, S.2])

Bei der anderen Möglichkeit zur Ermittlung der optimalen Produktempfehlung für einen Kunden handelt es sich um statistische Verfahren. Unter Verwendung eines Algorithmus kann anhand der über einen Kunden verfügbaren Informationen die Wahrscheinlichkeit errechnet werden, mit der sich der Kunde für den Kauf eines Produktes entscheidet. Das Produkt mit der höchsten Wahrscheinlichkeit kann dem Kunden anschließend zum Kauf angeboten werden. (vgl. [Pilger 2008, S. 35])

Grundlage und zentraler Punkt der beiden oben erwähnten Verfahren ist, dass beide auf Kundenmerkmalen bzw. auf -daten basieren. Um diese Informationen bereitstellen zu können, empfiehlt sich die Verwendung eines Database Marketing. [Rudolph/Rudolph S.77] beschreibt das Database Marketing als einen „kontinuierliche[n] Prozess, in dem Kunden,- Interessenten-, Wettbewerber- und Marktdaten aus internen und externen Quellen gesammelt, aufbereitet, ausgewertet ... und genutzt werden". Besonders in der Finanzbranche eignet sich aufgrund einer außerordentlich günstigen Datenausgangssituation der Einsatz eines solchen Datenbanksystems. Neben den Stammdaten, die bei jeder Kontoeröffnung automatisch erhoben werden, haben Banken Zugriff auf den Zahlungsverkehr der Kunden und sie können durch die meist langfristigen Kundenbeziehungen auf eine erhebliche Menge von Vergangenheitsdaten, wie z.B. der Kundenhistorie oder Aktionsdaten zugreifen.(vgl. [Link et al. 1997, S.619])

Eine professionelle und strukturierte Datenbank führt außerdem zu einer aussagekräftigen Markteinteilung, denn der Umfang, die Art, sowie die Qualität der hinterlegten Daten beeinflussen das Ergebnis der Segmentierung, und damit die Güte der Produktempfehlung wesentlich. (vgl. [Kesting/Rennhak, S.111])

3.1 Entwicklung eines Kriterienkataloges zur Beurteilung der Verfahren

Im Folgenden sollen verschiedene Kriterien herausgearbeitet werden, mit deren Hilfe die oben erwähnten Verfahren zur Erstellung einer kundenindividuellen Produktempfehlung bewertet werden können. Hierfür wird zuerst geklärt nach welchen Merkmalen die Kriterien ausgewählt werden und anschließend wird eine Auswahl von bedarfsorientierten - sowie von statistischen Modellen anhand des erarbeiteten Kriterienkataloges bewertet und verglichen.

Das Ziel der Bewertung liegt darin, die Stärken und Schwächen der Verfahren herauszuarbeiten. Es soll überprüfen ob, und wie gut sich die Verfahren hinsichtlich der Generierung einer Produktempfehlung eignen. Dabei wird besonders auf das Einsatzgebiet in einem Finanzdienstleistungsunternehmen eingegangen.

3.1.1 Methode der Kriterienauswahl und Herkunft der Kriterien

Die Erstellung eines Kriterienkataloges kann in drei Phasen unterteilt werden. Im ersten Abschnitt werden alle möglicherweise relevanten Kriterien erfasst und aufgelistet. Im zweiten Schritt werden die gefundenen Kriterien einzeln analysiert, um zu untersuchen, ob die Kriterien für die Bewertung des Sachverhalts geeignet sind, und damit in den Kriterienkatalog aufgenommen werden. Die dritte Phase dient der Überprüfung der Kriterien auf Unabhängigkeit, um Redundanzen zu vermeiden. (vgl. [Knüppel 1989, S.75])

Mit der Einhaltung dieser Vorgehensweise wird sichergestellt, dass die Kriterien vollständig, gültig und unabhängig sind (vgl. [Knüppel 1989, S.76]). Eine wichtige Voraussetzung von Kriterien ist die intersubjektive Überprüfbarkeit. Sie stellt sicher, dass die Ergebnisse nachvollzogen werden können. (vgl. [Gierl/Helm 200, S.86])

Für die Erstellung des Kriterienkataloges zur Bewertung der bedarfsorientierten bzw. der statistischen Verfahren zur Generierung einer individuellen Produktempfehlung können verschiedene Kriterien aus der Literatur herangezogen werden. Beispielsweise bietet sich an, die verwendeten Input Daten des

Modells bzw. die Segmentierungskriterien zu vergleichen. Gängige Kriterien hierfür sind u.a. die Kaufverhaltensrelevanz, die Messbarkeit bzw. die Herkunft oder die zeitliche Stabilität der Daten. (vgl. [Meffert et al. 2008, S. 191]) Desweiteren orientiert sich der Kriterienkatalog an allgemeinen Kriterien zum Vergleich von Verfahren. [Pietsch 1999, S.48-57] nennt hier beispielsweise:

- Die theoretische Basis des Verfahrens
- Das Bewertungsobjekt das vom Verfahren betrachtet wird
- Die verwendete Informationsquelle
- Den Aufwand für den Einsatz des Verfahrens
- Die Nachvollziehbarkeit der Ergebnisse

3.1.2 Kriterienkatalog zur Bewertung der Verfahren

Der Kriterienkatalog dient zur Bewertung und für den späteren Vergleich der Produktempfehlungsmodelle. Er bewertet die Voraussetzungen und den benötigten Aufwand für die Erstellung des Modells sowie für die Erstellung der Produktempfehlung. Außerdem wird mit den Kriterien auch die Qualität der von einem Modell erzeugten Produktempfehlung analysiert und es werden Aspekte für eine Anwendung der Modelle in der Bankpraxis untersucht. Der Kriterienkatalog ist in vier Teilbereiche unterteilt, welche im Folgenden kurz vorgestellt werden:

1. Bedarfsermittlungs-Methode

Tabelle 2: Übersicht über die Kriterien aus dem Teilbereich „Bedarfsermittlungs-Methode"

Bedarfsermittlungs-Methode
Statistisches Verfahren
Erfahrungs-/ Expertenwissen

(Quelle: eigene Tabelle)

In diesem Teilbereich wird evaluiert, welches theoretische Konzept den Modellen zugrunde liegt. Das Kriterium „Statistisches Verfahren" gibt Auskunft darüber, ob dem Verfahren eine Berechnung anhand eines Algorithmus zugrunde liegt.

Mit dem Unterscheidungsmerkmal „Erfahrungs-/ Expertenwissen" wird analysiert, ob das Modell entweder auf Expertenwissen, also auf der Kenntnis von speziellem Fachwissen, oder auf einem großem Erfahrungsschatz basiert.

2. Modellaufbau

Tabelle 3: Übersicht über die Kriterien aus dem Teilbereich „Modellaufbau"

Modellaufbau
Entscheidungsmodell:
Benötigte Datenmenge zur Erstellung des Entscheidungsmodells
Herkunft der Daten für Modellerstellung
Aufwand für Modellerstellung
Objekt im Fokus des Modells
Mögliche Entscheidungsvariablen im Modell bereits festgelegt
Produktempfehlung:
Herkunft der Daten für Erstellung der Produktempfehlung
Grundlage der Produktempfehlung
Aufwand für Erstellung der Produktempfehlung
Ergebnis des Entscheidungsmodells

(Quelle: eigene Tabelle)

Dieser Teilbereich ist unterteilt in die Unterpunkte „Entscheidungsmodell" und „Produktempfehlung" und geht auf die benötigten Daten und den zu erbringenden Aufwand für die Modellerstellung bzw. die Produktempfehlung ein.

2.1 Entscheidungsmodell

Im Unterpunkt „Entscheidungsmodell" wird mit dem Kriterium „Benötigte Datenmenge zur Erstellung des Entscheidungsmodells" untersucht, welche Menge an Daten verfügbar seien muss, um das Modell zu Erstellen. Der Bedarf kann von wenigen bis zu mehreren Tausend Datensätzen über z.B. Kunden reichen.

Das Merkmal „Herkunft der Daten für Modellerstellung" betrachtet ebenfalls die Daten, die für eine Modellerstellung benötigt werden, und prüft, ob die Informationen aus der Unternehmenseigenen Datenbank ausgelesen werden können oder beispielsweise von einem externen Anbieter, wie der GfK,[11] zugekauft werden müssen.

Die Erstellung eines Modells kann sehr aufwendig sein, wenn die vorhandenen Daten vor der Verwendung z.B. zuerst analysiert und quantifiziert werden müssen. Dieser Aspekt wird mit dem Kriterium „Aufwand für Modellerstellung" untersucht.

Der Punkt „Objekt im Fokus des Modells" betrachtet das Objekt im Mittelpunkt des Modells, das kann u.a. ein Produkt oder ein Kunde sein.

---

[11] Vgl. www.GfK.de

Das Kriterium „Mögliche Entscheidungsvariablen im Modell bereits festgelegt" prüft, ob das betrachtete Verfahren vorschreibt welche Ausprägungen von z.B. Kunden in den Entscheidungsprozess des Modells miteinbezogen werden.

3.2 Produktempfehlung

Der Unterpunkt „Produktempfehlung" geht von einem bereits erstellten Modell aus und betrachtet die Schritte die zur endgültigen Produktempfehlung führen. Hierbei wird mit dem Aspekt „Herkunft der Daten für Erstellung der Produktempfehlung" untersucht, ob das Modell mit Daten gefüttert werden kann die schon im Unternehmen vorhanden sind, oder ob weitere Informationen von „außen" benötigt werden.

Das Unterscheidungsmerkmal „Grundlage der Produktempfehlung" analysiert die Voraussetzung anhand der die Produktempfehlung generiert werden kann. Dies kann entweder ein Segment mit Kunden oder eine Kaufwahrscheinlichkeit für ein Produkt sein.

Mit dem Kriterium „Aufwand für Erstellung der Produktempfehlung" wird untersucht, wie aufwendig die weiteren Schritte sind, mit denen aus den Segmenten bzw. den Kaufwahrscheinlichkeiten einen Produktempfehlung generiert werden kann. Außerdem wird mittels des Punkts „Ergebnis des Entscheidungsmodells" evaluiert, ob das Verfahren eine eindeutige Produktempfehlung als Ergebnis liefert, oder ob das Resultat ein Segment mit mehreren für die Empfehlung möglichen Produkten enthält.

3. Qualität

Tabelle 4: Übersicht über die Kriterien aus dem Teilbereich „Qualität"

Qualität
Modellbedingter Umfang der Prognosevariablen
Aussagekraft des Modells bezüglich dem Kaufverhalten
Bisheriger Produktbesitz bei Empfehlungen berücksichtigt
Reaktionen auf bisherigen Produktansprachen berücksichtigt
Nachvollziehbarkeit des Ergebnisses gegeben
Lernfähigkeit des Modells durch Feedback

(Quelle: eigene Tabelle)

Der dritte Teil des Kriterienkataloges befasst sich mit der Qualität und der Nachvollziehbarkeit der Verfahren zur Generierung einer Produktempfehlung. Das Unterscheidungsmerkmal „Modellbedingter Umfang der Prognosevariablen" prüft die Anzahl der Variablen wie z.B. der Kundenausprägungen die in einem Modell verwendet werden können. Diese ist entweder limitiert, oder es gibt keine Beschränkung.

Das Kriterium „Aussagekraft des Modells bezüglich dem Kaufverhalten" untersucht, ob die verwendeten Variablen aussagekräftig für eine Produktempfehlung sind, und gibt damit die Qualität des Produktvorschlags wieder.

Mit den Punkten „Bisheriger Produktbesitz bei Empfehlungen berücksichtigt" und „Reaktion auf bisherige Produktansprachen berücksichtigt" wird bei zwei Variablen, mit deren Hilfe die Qualität des Modells erhöht werden kann, überprüft, ob sie im Modell Beachtung finden.

Der Punkt „Nachvollziehbarkeit des Ergebnisses gegeben" betrachtet die Transparenz des Modells. Hierbei wird darauf geachtet, ob das Modell beispielsweise graphisch dargestellt oder das Ergebnis logisch nachvollzogen werden kann.

Das letze Kriterium in diesem Teilbereich, „Lernfähigkeit des Modells durch Feedback" zeigt auf, wie das Modell mit neuen Informationen und aktuelleren Daten, z.B. mit Kundenreaktionen, umgeht. Dies spielt vor allem dann eine Rolle wenn das Modell zeitlich nicht stabil ist. Das Modell ist entweder statisch und verändert sich trotz neuer Informationen nicht, oder es nutzt die neuen Daten um die Produktempfehlung zu präzisieren und zu verbessern.

4. Anwendung in der Bankpraxis

Tabelle 5: Übersicht über die Kriterien aus dem Teilbereich "Anwendung in der Bankpraxis"

Anwendung in der Bankpraxis
Fehlertoleranz
Referenzdaten für Empfehlungen notwendig
Automatisierbarkeit bei Aktualisierung der Modellerstellung
Automatisierte Erstellung von Produktempfehlung möglich

(Quelle: eigene Tabelle)

Der letzte Teilbereich des Kataloges beschäftigt sich mit der Anwendung der Modelle speziell auf dem Gebiet der Bankpraxis. Ein Kriterium in diesem Bereich ist die „Fehlertoleranz", sie beschäftigt sich mit der Resistenz eines Modells gegen Unregelmäßigkeiten, wie z.B. dem Fehlen von Input-Daten wie es u.a. bei Neukunden der Fall ist.

Das Untersuchungsmerkmal „Referenzdaten für Empfehlung notwendig" überprüft dagegen die Notwendigkeit von bestimmten Daten für die Erzeugung der Produktempfehlung. Beispielsweise benötigen manche Modelle bestimmte Vergangenheitsdaten.

Unter dem Punkt „Automatisierbarkeit bei Aktualisierung der Modellerstellung" wird geprüft, ob sich ein Modell ohne menschliches einwirken selbständig an neuen Daten anpassen kann.

Und das Kriterium „Automatisierte Erstellung von Produktempfehlungen möglich" untersucht, ob unter Verwendung des jeweiligen Modells automatisch eine Produktempfehlung für einen bestimmten Kunden erstellt werden kann.

3.3 Bedarfsorientierte Modelle

Die Bedarfsorientierten Modelle basieren auf der Grundidee, einen Gesamtmarkt von Kunden, die sich durch unterschiedliche Bedürfnisse bezüglich der relevanten Produkte unterscheiden, mittels bestimmter Merkmale der Konsumenten in homogene Teilmärkte aufzuteilen. (vgl. [Meffert et al., S. 182-183]) Bei den Merkmalen, die für die Identifikation und die Beschreibung der Marktsegmente verwendet werden, handelt es sich um Segmentierungskriterien, mit deren Hilfe die Bedürfnisse und das Kaufverhalten der Kunden abgeleitet werden kann. Auf die Segmentierungskriterien wird in Kapitel 3.2.1 näher eingegangen. Allgemein handelt es sich bei den Bedarfsorientierten Modellen um eine a-priori Segmentbildung, bei der sich die Teilmärkte mit bekannten und feststehenden Segmentierungskriterien klassifizieren lassen. (vgl. [Stuhldreier 2002, S.12-13])

Im Anschluss an die Segmentbildung können die einzelnen Teilmärkte bzw. Segmente gezielt nach ihrem jeweiligen Bedarf bearbeitet werden. Beispielsweise ist es möglich, für jedes Segment die Kundenbereitschaft zum Kauf eines bestimmten Produktes zu ermitteln, um einem Kunden anschließend das zu seinem Segment passende Produkt zu empfehlen. (vgl. [Stuhldreier 2002, S.25])

Für die Durchführung einer Marktsegmentierung mit anschließender Produktempfehlung sind wenige Schritte erforderlich. Zunächst muss eine Auswahl und eine Kodierung von Objektattributen erfolgen, dabei wird festgelegt welche Segmentierungskriterien mit welchen Ausprägungen in das Modell einfließen können. Anschließend erfolgt eine Erfassung geeigneter Daten für die Objekte (z.B. werden Informationen über Kunden gesammelt). Damit sind die Daten aufbereitet und stehen für die Segmentierung zur Verfügung. Auf dieser Datenbasis kann nun ein Segmentierungsverfahren angewendet werden um einzelne homogene Segmente zu erhalten, bevor in einem letzten Schritt den verschiedenen Segmenten die Produkte zugeordnet werden, denen die höchste Kaufwahrscheinlichkeit im jeweiligen Segment attestiert wird. Einem Kunden kann schließlich unter Berücksichtigung seines bisherigen Produktbesitzes ein Produkt, das seinem Segment zugeordnet wurde, empfohlen werden. (vgl. [Gierl/ Helm, S. 56-57]) Abbildung 3 verdeutlicht die Schritte ausgehend von den durch ein Verfahren gebildeten Segmenten bis zur Produktempfehlung:

Abbildung 3: Ablauf zur Erstellung einer Produktempfehlung aus den Kundensegmenten

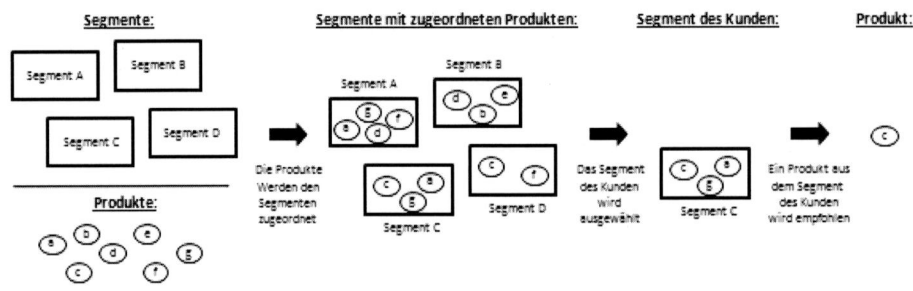

(Quelle: eigene Abbildung)

Um einem Segment das passende Produkt zuzuordnen, gibt es mehrere Möglichkeiten. Zum einen können die Produkte den Segmenten mittels statistischer Verfahren zugeteilt werden. Hierfür kann z.B. die logistische Regressionsanalyse oder die Diskriminanzanalyse verwendet werden. (vgl. [Gierl/Halm, S.82-84]) Eine andere Möglichkeit ist eine Zuteilung unter Verwendung einer Eindimensionalen Häufigkeitsverteilung. Bei der Häufigkeitsverteilung kann überprüft werden, welches Produkt in den jeweiligen Segmenten am häufigsten vertreten ist (absolute Häufigkeitsverteilung), bzw. in welchem Segment das Verhältnis zwischen einem Produkt und der Anzahl der Kunden in einem Segment am höchsten ist (relative Häufigkeitsverteilung). Aber auch ein nicht-statistisches Vorgehen bei der Zuordnung der Produkte zu den Segmenten ist möglich. Die Produkte können beispielsweise anhand von

Erfahrung durch die Mitarbeiter zugeteilt werden. (vgl. [Berekoven 2006, S.198-199])

Ein Beispiel aus der Praxis zur Generierung einer individuellen Produktempfehlung stellt der Sparkasse „Finanz-Check" des Rheinischen Sparkassen- und Giroverbandes aus dem Jahr 2005 dar. Dabei handelt es sich um eine Online-Beratungsanwendung, die in einer Expertenempfehlung und der Anzeige eines individuellen Produktportfolios endet. Das Tool fragt den Nutzer nach seinem Alter, seiner beruflichen Situation sowie seinem Einkommen und generiert basierend auf diesen Informationen eine auf die vorhandene Produktnutzung abgestimmte Empfehlung. Diese Empfehlung liefert Produktvorschläge zu den Bereichen „Service", „Absicherung von Lebensrisiken", „Altersvorsorge" und „Vermögen bilden". Anschließend hat der Kunden die Möglichkeit einen Termin mit einem Berater zu vereinbaren, oder das Produkt direkt online zu erwerben. Ein Nachteil dieser Anwendung besteht aber in der fehlenden Genauigkeit der Empfehlungen, wie folgende Abbildung zeigt: (vgl. [Kühn/Rehm 2005])

Abbildung 4: Screenshots aus dem Sparkasse Finanzcheck

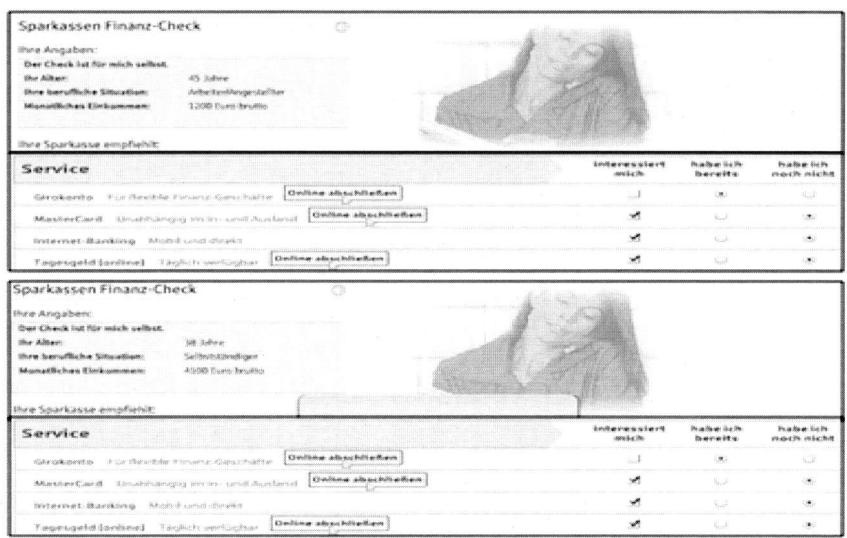

(Quelle: [www.sparkasse-aachen.de])

Die Screenshots zeigen die Produktempfehlungen für einen 45-jährigen Angestellten mit einem monatlichen Bruttoeinkommen von 1200€ und für einen 38-jährigen Selbstständigen mit einem Bruttoeinkommen von 4100€ im Monat. Beide erhalten die gleiche Produktempfehlung im Bereich Service, obwohl sich ihre Kundenattribute deutlich voneinander unterscheiden.

3.3.1 Segmentierungskriterien als Grundlage der bedarfsorientierten Modelle

Das zentrale Element für die Segmentierung eines Marktes bilden die Segmentierungskriterien. Sie dienen wie bereits erwähnt der Abgrenzung, der Beschreibung sowie der Bearbeitung von Marktsegmenten und lassen sich in wenige Oberkategorien klassifizieren. [Meffert et al. 2008, S. 191] unterscheidet zwischen geographischen, soziodemographischen, psychographischen und verhaltensorientierten Kriterien, die in den nachfolgenden Punkten näher vorgestellt werden.

Geographische Segmentierung:

Diese Art der Segmentierung gilt als die älteste Form der Marktsegmentierung und unterteilt den Markt in geographische Regionen. Zurückzuführen ist die geographische Segmentierung auf die räumliche Verteilung der Bevölkerung und sie geht von der Annahme aus, dass sich das Kaufverhalten aufgrund bestimmter räumlicher Merkmale und Lebensgewohnheiten unterscheiden lässt. Die klassische makrogeographische Segmentierung unterteilt den Markt auf Grundlage von z.B. Bundesländern oder Postleitzahlgebieten. Aber auch Unterteilungen in Stadt- und Landbevölkerung oder in Gemeindegrößenklassen sind möglich. Da diese groben Einteilungen aber nur unpräzise Aussagen über das Kaufverhalten zulassen wurde der neuere Ansatz der mikrogeographischen Segmentierung entwickelt. Dieser geht von der Annahme der „Neighbourhood-Affinität" aus, und teilt den Markt feiner auf, z.B. in Wohngebietszellen oder Straßenabschnitte. Auf die mikrogeographische Segmentierung wird in Kapitel 3.2.2 näher eingegangen. (vgl. [Kesting 2008, S.8], [Stuhldreier 2002, S.15])

Soziodemographische Segmentierung:

Die soziodemographischen Segmentierungskriterien können in demographische und sozioökonomische Kriterien unterteilt werden. Vertreter der demographischen Kriterien sind das Geschlecht, das Alter, der Familienstand, die Haushaltsgröße oder die Anzahl der Kinder. Während das Geschlecht und das Alter auch einzeln für eine Segmentierung eingesetzt werden können (z.B. gibt es große Unterschiede bezüglich der Bedürfnisse auf dem Bekleidungsmarkt zwischen Teenagern und Senioren), werden der Familienstand und die Anzahl der Kinder kaum als eigenständige Segmentierungskriterien verwendet. Die beiden letztgenannten werden häufiger in Kombination mit den anderen demographischen Merkmalen zur Bestimmung des Familienlebenszyklus eingesetzt. Beim Familienlebenszyklus handelt es sich um die Einteilung von Personen in verschiedene Lebensphasen mit unterschiedlichen Bedürfnissen. (vgl. [Meffert et al. 2008, S.194])

Zu der anderen Gruppe der soziodemographischen Merkmale, den sozioökonomischen Merkmalen gehören das Einkommen der Beruf und die Ausbildung. Besonders das Einkommen ist hier hervorzuheben, es steht zwar nicht in direktem Zusammenhang zum Kaufverhalten der Kunden, allerdings stellt es einen bedeutenden Indikator für die Kaufkraft einer Person da. Die sozioökonomischen Kriterien werden häufig in Kombination als soziale Schichtung verwendet, die in Kapitel 3.2.3 näher betrachtet wird. (vgl. [Meffert et al. 2008, S.195])

Vorteile der soziodemographischen Segmentierungskriterien sind ihre leichte Erfass- und Messbarkeit und ihre zumeist hohe zeitliche Stabilität, allerdings steht dem eine relativ geringe Aussagekraft bezüglich dem Kaufverhalten von Personen gegenüber. Dies dürfte auch der Grund dafür sein, das die klassische Marktsegmentierung anhand von soziodemographischen Merkmalen immer mehr an Bedeutung verliert. (vgl. [Meffert et al. 2008, S.196])

Psychographische Segmentierung:
Die psychographische Segmentierung gehört zu den modernen Segmentierungsansätzen und wurde als Alternative zu den bezüglich des Kaufverhaltens nur begrenzt aussagekräftigen geographischen und soziodemographischen Ansätzen eingeführt. Die Psychographischen Kriterien verwenden hypothetische Konstrukte zur Erklärung des Konsumverhaltens von Personen. Diese Konstrukte nehmen Bezug auf Vorgänge, die im menschlichen Organismus ablaufen und nicht beobachtbar sind. So kann mit dieser Art der Segmentierung z.B. darauf eingegangen werden, dass Individuen völlig unterschiedliche Ansichten bezüglich des gleichen Produktes haben, obwohl sie der gleichen demographischen Gruppe angehören. (vgl. [Stuhldreier 2002, S.16], [Kesting/Rennhak 2008, S. 10])

Die psychographischen Segmentierungskriterien können in allgemeine Persönlichkeitsmerkmale und in produktspezifische Merkmale unterteilt werden. Zu den allgemeinen Persönlichkeitsmerkmalen gehören u.a. die soziale Orientierung, die Risikoneigung und der Lebensstil. Da diese Kriterien aber nur schwer operationalisierbar sind und der Kaufverhaltensbezug eher als gering einzuschätzen ist, wird diesen Kriterien abgesehen vom Lebensstil eine geringe Bedeutung für die Segmentierung zugesprochen. Die Segmentierung nach Lebensstilen gewinnt dagegen immer mehr an Aufmerksamkeit und wird in Kapitel 3.2.4 näher behandelt. (vgl. [Stuhldreier, S. 16-17])

Zu der zweiten Gruppe, den produktspezifischen Merkmalen gehören z.B. die Kriterien Wahrnehmungen, Motive, Nutzenvorstellungen und spezifische Einstellungen. Besonders hervorzuheben ist hier das Merkmal „spezifische Einstellungen", da sich durch eine positive Einstellung gegenüber einem Produkt auch eine gewisse Kaufwahrscheinlichkeit ableiten lässt. Allerdings wird dieser Aspekt dadurch relativiert, dass die Kunden trotz positiver Einstellung oft an ihre finanziellen Mittel gebunden sind. Aus diesem Grund rückt die Segmentierung nach Nutzenerwartungen immer mehr in den Vordergrund. Bei diesem Ansatz bildet der erwartete Nutzen eines Produktes den Wert für den Konsumenten, und trägt damit hauptsächlich zur Kaufentscheidung bei. (vgl. [Stuhldreier 2002, S.17-19])

Zusammenfassend kann der psychographischen Segmentierung, vor allem den produktspezifischen Merkmalen eine hohe Kaufverhaltensrelevanz attestiert werden, allerdings steht dem Entgegen, dass die benötigten Daten zur Durchführung solcher Ansätze nur schwer zu messen sind, und eine umfassende Primärerhebung erfordern. (vgl. [Kleiner 2008, S. 93], [Kesting/Rennhak 2008, S.12])

Verhaltensorientierte Segmentierung:
Im Gegensatz zu den bisher erwähnten Segmentierungsansätzen handelt es sich bei der Verhaltensorientierten Segmentierung nicht um eine Segmentierung nach Merkmalen, die das Verhalten von Personen bestimmen, sondern es handelt sich um Ausprägungen des Verhaltens in Kaufentscheidungsprozessen. Es wird also nicht die Ursache von Verhaltensweisen ergründet, sondern es wird das tatsächliche Verhalten analysiert. Basis der verhaltensorientierten Segmentierung sind in der Vergangenheit beobachtete Aktivitäten der Kunden (z.B. Vertriebswegnutzung, Reaktionen auf Kommunikationsmaßnahmen oder Produktnutzung). Für die Einteilung der Kunden anhand ihres Verhaltens können Kriterien bezüglich des Informations- und Kommunikationsverhaltens, sowie Merkmale des Preis- und Einkaufsstättenwahlverhaltens herangezogen

werden, auf die hier aber nicht genauer eingegangen wird. (vgl. [Kleiner 2008, S.93], [Stuhldreier 2002, S.19])

Die Verhaltensorientierte Segmentierung verfügt zwar über eine relativ hohe Kaufverhaltensrelevanz und die notwendigen Daten sind leicht zu erfassen, allerdings lassen diese Kriterien keine Rückschlüsse auf die Entstehung der Kaufentscheidung zu. Somit bietet eine Segmentierung nur anhand verhaltensorientierter Segmentierungskriterien nur eine eingeschränkte Aussagekraft bezüglich der Identifizierung und der gezielten Bearbeitung von Segmenten. (vgl. [Kesting/Rennhak, S.14])

Zusammenfassend kann festgestellt werden, dass die unterschiedlichen Segmentierungskriterien Stärken und Schwächen haben, während die geographischen und die soziodemographischen Kriterien leicht zu erfassen sind und eine gezielte Kundenansprache ermöglichen, verfügen die psychographischen und die verhaltensorientierten Ansätze über eine hohe Aussagekraft bezüglich des Kaufverhaltens. Das Hauptziel der Kriterienauswahl besteht allerdings darin, die Segmentierungskriterien zu Identifizieren, die eine trennscharfe Bildung von Segmenten ermöglichen. Um dieser Anforderung gerecht zu werden, empfiehlt es sich, die verschiedenen Kriterien zu kombinieren, um ein optimales Ergebnis zu erhalten. Die folgende Abbildung zeigt noch einmal einen Überblick aller Segmentierungskriterien: (vgl. [Meffert et al. 2008, S.208-209], [Stuhldreier 2002, S.20])

Abbildung 5: Kriterien der Marktsegmentierung

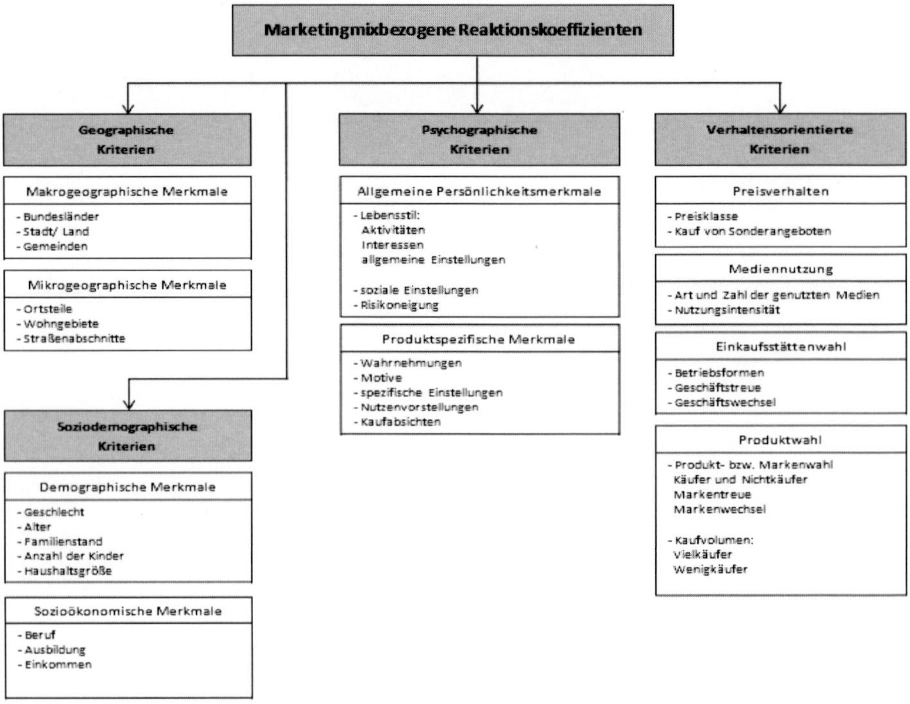

```
                    Marketingmixbezogene Reaktionskoeffizienten
       ┌──────────────────────────┼──────────────────────────┐
       ▼                          ▼                          ▼
  Geographische             Psychographische          Verhaltensorientierte
    Kriterien                  Kriterien                   Kriterien

 Makrogeographische      Allgemeine Persönlichkeitsmerkmale      Preisverhalten
     Merkmale            - Lebensstil:                     - Preisklasse
 - Bundesländer              Aktivitäten                   - Kauf von Sonderangeboten
 - Stadt/ Land               Interessen
 - Gemeinden                 allgemeine Einstellungen           Mediennutzung
                         - soziale Einstellungen           - Art und Zahl der genutzten Medien
 Mikrogeographische      - Risikoneigung                   - Nutzungsintensität
     Merkmale
 - Ortsteile              Produktspezifische Merkmale         Einkaufsstättenwahl
 - Wohngebiete           - Wahrnehmungen                   - Betriebsformen
 - Straßenabschnitte     - Motive                          - Geschäftstreue
                         - spezifische Einstellungen       - Geschäftswechsel
                         - Nutzenvorstellungen
  Soziodemographische    - Kaufabsichten                         Produktwahl
     Kriterien                                             - Produkt- bzw. Markenwahl
                                                              Käufer und Nichtkäufer
 Demographische Merkmale                                      Markentreue
 - Geschlecht                                                 Markenwechsel
 - Alter
 - Familienstand                                           - Kaufvolumen:
 - Anzahl der Kinder                                          Vielkäufer
 - Haushaltsgröße                                             Wenigkäufer

 Sozioökonomische Merkmale
 - Beruf
 - Ausbildung
 - Einkommen
```

(Quelle: eigene Abbildung in Anlehnung an [Meffert et al. 2008, S.191])

3.3.2 Mikrogeographische Segmentierung

Bei der mikrogeographischen Segmentierung handelt es sich um eine Weiterentwicklung der makrogeographischen Segmentierung. Dieser Ansatz verfeinert die räumliche Aufteilung von Konsumenten in Bundesländer oder Postleitzahlgebiete noch weiter und segmentiert nach kleineren Gebieten, wie z.B. Wohngebietszellen oder Straßenabschnitten. Grundlage der mikrogeographischen Segmentierung bildet das Prinzip der „Nachbarschafts-Affinität". Es geht davon aus, dass Personen, „die benachbart bzw. in ähnlichen regionalen Bezirken wohnen, einen gleichen oder ähnlichen sozialen Status und Lebensstil sowie ein vergleichbares Kaufverhalten besitzen" [Meffert et al. 2008, S.193]. Die gebildeten Wohngebietszellen werden mit soziodemographischen, psychographischen und verhaltensorientierten Daten verknüpft und ergeben schließlich einen Wohngebietstypen, wie z.B. ein Studentenviertel oder einen Villenvorort. Die notwendigen Daten zur Anreicherung der Wohngebietszellen können aus verschiedenen Quellen stammen. Hier sind beispielsweise das Statistische Bundesamt, das Verzeichnis aller Fernsprechteilnehmer, externe Unternehmen (z.B. Versandhandelsunternehmen, Telekommunikationsdienstleister, Reiseveranstalter) oder Erhebungen von Marktforschungsinstituten zu nennen. Generell gilt, dass sich die Aussagekraft der Segmente mit dem Grad an Feinräumigkeit und mit der Größe des betrachteten Datenspektrums verbessert. (vgl.[Meffert et al. 2008, S.191-192], [Holland 2004, S.82-86])

Bewertung der Mikrogeographischen Segmentierung anhand des Kriterienkataloges aus Kapitel 3.1.2:

Tabelle 6: Bewertung der Bedarfsermittlungs-Methode der mikrogeographischen Segmentierung

Bedarfsermittlungs-Methode	
Statistisches Verfahren	Nein
Erfahrungs-/ Expertenwissen	Ja

(Quelle: eigene Tabelle)

Der Mikrogeographischen Segmentierung liegt kein statistisches Verfahren zugrunde, bei dem Verfahren wird ein zu untersuchendes Gebiet mittels einer Gliederungssystematik flächendeckend in Wohngebietszellen eingeteilt (vgl. [Holland 2004, S.82]. Allerdings ist Expertenwissen erforderlich, die Parzellen werden von großen Direktmarketingunternehmen wie z.B. Schober Direct Marketing[12] oder AZ Direct Marketing Bertelsmann[13] erstellt, die auf viel Erfahrung zurückgreifen können. (vgl. [Holland 2004, S.86-88])

Tabelle 7: Bewertung des Modellaufbaus der mikrogeographischen Segmentierung

Modellaufbau	
Entscheidungsmodell:	
Benötigte Datenmenge zur Erstellung des Entscheidungsmodells	hoch
Herkunft der Daten für Modellerstellung	extern
Aufwand für Modellerstellung	hoch
Objekt im Fokus des Modells	Kunde
Mögliche Entscheidungsvariablen im Modell bereits festgelegt	Nein
Produktempfehlung:	
Herkunft der Daten für Erstellung der Produktempfehlung	intern
Grundlage der Produktempfehlung	Segment
Aufwand für Erstellung der Produktempfehlung	gering
Ergebnis des Entscheidungsmodells	Segment

(Quelle: eigene Tabelle)

Das Entscheidungsmodell benötigt eine hohe Anzahl von Daten, da für die Erstellung keine Stichproben, sondern flächendeckende Informationen aus verschiedenen Datenbanken notwendig sind (vgl. [Bruhn/Homburg 2001, S.475]). Daraus ergibt sich auch die Notwendigkeit, dass die Daten zur

---

[12] Vgl. www.schober.de

[13] Vgl. www.az.bertelsmann.de

Anreicherung der Parzellen aus externen Quellen bezogen werden müssen (vgl. [Holland 2004, S.85]). Die Erstellung des Modells setzt eine aufwendige Datenbeschaffung und eine eventuelle Interpretation von psychographischen Daten voraus (vgl. [Kesting/Rennhak 2008, S.18]). Damit ist der Aufwand als hoch einzuschätzen. Allerdings können die Kunden durch einen einfachen Adressabgleich den entsprechenden Wohngebietszellen zugeordnet werden (vgl. [Drewes 1996, S.116]) Im Mittelpunkt des Modells steht der Kunde, auf dessen Eigenschaften durch die Analyse seines Wohnortes geschlossen wird und die Entscheidungsvariablen der mikrogeographischen Segmentierung sind nicht im Vorhinein festgelegt, da wie oben bereits erwähnt, Daten aus vielen verschiedenen Quellen mit in das Modell integriert werden können.

Als Grundlage für die Produktempfehlung dienen bei der Mikrogeographischen Segmentierung die Segmente bzw. die Wohngebietszellen. Da die Kunden bereits in diese Teilbereiche eingeteilt sind, muss für die Produktempfehlung nur noch das Segment des entsprechenden Kunden aus der internen Datenbank ermittelt werden, es werden keine weiteren Daten benötigt. Der Aufwand der Produktempfehlung kann als gering eingestuft werden, da jeder Wohngebietszelle entsprechend ihrem Wohngebietstyp die passenden Produkte, die von den Bewohnern der Zelle mit der größten Wahrscheinlichkeit gekauft werden, zugeordnet werden müssen. Es existieren zwar viele Zellen, aber die begrenzte Anzahl an Wohngebietstypen hält den Aufwand gering. Als Ergebnis der Mikrogeographischen Segmentierung entstehen Segmente, die mehrere potentiell zu empfehlende Produkte enthalten.

Tabelle 8: Bewertung der Qualität der mikrogeographischen Segmentierung

Qualität	
Modellbedingter Umfang der Prognosevariablen	unbeschränkt
Aussagekraft des Modells bezüglich dem Kaufverhalten	hoch
Bisheriger Produktbesitz bei Empfehlungen berücksichtigt	Nein
Reaktionen auf bisherige Produktansprachen berücksichtigt	Nein
Nachvollziehbarkeit des Ergebnisses gegeben	Ja
Lernfähigkeit des Modells durch Feedback	Nein

(Quelle: eigene Tabelle)

Bei der mikrogeographischen Segmentierung erhöht sich die Qualität des Modells mit der Größe des Datenspektrums. Daraus ergibt sich, dass der Umfang an Merkmalen bzw. Kundenausprägungen nicht beschränkt ist. Die Kaufverhaltensrelevanz ist als hoch einzuschätzen, sie liefert gute Ansätze für einen gezielten Einsatz von Marketinginstrumenten. (vgl. [Kesting/Rennhak 2008, S.18) Bei der mikrogeographischen Segmentierung wird weder der bisherige Produktbesitz, noch die Reaktion auf bisherige Produktansprachen berücksichtigt, da sich das Modell auf Wohngebietszellen und nicht auf einzelne Kunden bezieht. Von Vorteil ist aber, dass die Einteilung in Parzellen anhand der „Neighbourhood-Affinität" logisch nachvollziehbar ist. Da es sich um ein statisches Modell handelt, dass sich z.B. bei Änderung eines geographischen Raumes nicht anpasst, ist es nicht in der Lage, selbstständig aus neuen Daten zu lernen. Allerdings kann es manuell angepasst werden. (vgl. [Kesting/Rennhak 2008, S.19])

Tabelle 9: Bewertung der mikrogeographischen Segmentierung für die Anwendung in der Bankpraxis

Anwendung in der Bankpraxis	
Fehlertoleranz	hoch
Referenzdaten für Empfehlungen notwendig	Nein
Automatisierbarkeit bei Aktualisierung der Modellerstellung	Nein
Automatisierte Erstellung der Produktempfehlung möglich	Ja

(Quelle: eigene Tabelle)

Der Segmentierungsansatz weist aufgrund der großen Menge an verwendeten Daten eine hohe Fehlertoleranz auf. Das Fehlen von einzelnen Input-Werten zu den Wohngebietszellen kann mit anderen Daten kompensiert werden. Referenzdaten werden bei diesem Modell nicht benötigt. Bei der Einführung eines neuen Produktes kann dieses beispielsweise den entsprechenden Parzellen zugeordnet werden, ohne dass Vergangenheitsdaten darüber vorliegen.

Automatisierte Aktualisierungen der Modellerstellung sind zwar nicht möglich, da ständig eine Menge aktueller Daten von externen Datenbanken benötigt wird (vgl. [Kesting 2008, S.19]). Dafür kann aber mit Hilfe geeigneter Datenbankabfragen die Wohngebietszelle des Kunden anhand seiner Adresse ermittelt, und das zum Segment passende Produkt automatisch empfohlen werden.

3.3.3 Soziale Schichtung

Das Konzept der sozialen Schichtung beruht auf der soziodemographischen Segmentierung. Eine soziale Schicht beschreibt eine Menge von Personen, die aufgrund gleichartiger Lebensumstände und durch den gleichen sozialen Status zu einer Gruppe zusammengefasst werden, der ähnliches Konsumverhalten unterstellt wird. So wird den unteren Schichten eher eine Präferenz zu preiswerten Geschäften mit sozialen Kontaktmöglichkeiten attestiert, während höheren Schichten ein rationaleres und überlegteres Kaufverhalten nachgesagt wird. Die Schichten werden meist durch eine Kombination der soziographischen Segmentierungskriterien Einkommen, Ausbildung und Beruf gebildet. (vgl. [Kesting/Renhak, S.15])

In der Praxis verliert dieser Ansatz jedoch immer mehr an Bedeutung. Dies ist zum einen auf Individualisierungs- und Polarisierungstendenzen der Konsumenten zurückzuführen, und zum anderen auf eine Vermögensnivellierung. Darunter versteht man eine Umverteilung des Vermögens, so kann z.B. ein Haushalt trotz niedrigem Einkommen aufgrund von geerbtem Kapital über ein großes Vermögen verfügen. (vgl. [Meffert 2000, S.194])

Bewertung der sozialen Schichtung anhand des Kriterienkataloges aus Kapitel 3.1.2:

Tabelle 10: Bewertung der Bedarfsermittlungs-Methode der sozialen Schichtung

Bedarfsermittlungs-Methode	
Statistisches Verfahren	Nein
Erfahrungs-/ Expertenwissen	Ja

(Quelle: eigene Tabelle)

Grundlage der sozialen Schichtung bildet eine Einteilung von Personen nach ihrem sozialem Status und ihren Lebensumständen anhand soziographischer Kriterien (vgl. [Pepels 2000, S.70]). Für diese Einteilung wird also kein statistisches Verfahren benötigt. Allerdings ist ein gewisses Maß an Expertenwissen notwendig um die Schichten beispielsweise durch eine Analyse soziodemographischer Kriterien mittels eines Punktebewertungsverfahrens zu bilden (vgl. [Diller/Köhler 2008, S.118]).

Tabelle 11: Bewertung des Modellaufbaus der sozialen Schichtung

Modellaufbau	
Entscheidungsmodell:	
Benötigte Datenmenge zur Erstellung des Entscheidungsmodells	gering
Herkunft der Daten für Modellerstellung	intern
Aufwand für Modellerstellung	mittel
Objekt im Fokus des Modells	Kunde
Mögliche Entscheidungsvariablen im Modell bereits festgelegt	Ja
Produktempfehlung:	
Herkunft der Daten für Erstellung der Produktempfehlung	intern
Grundlage der Produktempfehlung	Segment
Aufwand für Erstellung der Produktempfehlung	gering
Ergebnis des Entscheidungsmodells	Segment

(Quelle: eigene Tabelle)

Für die Erstellung des Entscheidungsmodells werden nur geringe Mengen an Daten benötigt. In Anlehnung an ein bereits bestehendes Modell kann ein an das eigene Unternehmen angepasstes Modell erstellt werden. Für die anschließende Einteilung der Kunden werden nur die Kundenausprägungen Einkommen, Ausbildung und Beruf verwendet. Diese Informationen liegen bei einer Bank in der internen Datenbank vor. Das Einkommen kann über die Umsätze auf dem Girokonto der Kunden, falls dieses vorhanden ist, ermittelt werden und der Beruf, aus dem auch auf die Ausbildung geschlossen werden kann, wird standardmäßig bei der Eröffnung eines Kontos erhoben. (vgl. [Drewes 1996, S.146]). Der Aufwand für die Erstellung des Modelles ist aufgrund der einfachen Datenerhebung gering, allerdings kann es zu Schwierigkeiten aufgrund von Messungs- und Abgrenzungsproblemen kommen. Daher ist der Aufwand als „mittel" einzuschätzen. Im Fokus des Modells steht wie bei der mikrogeographischen Segmentierung der Kunde, der anhand seiner Merkmale, die bei der sozialen Schichtung festgelegt sind, in Segmente eingeteilt wird.

Die Produktempfehlung basiert bei der sozialen Schichtung auf den Segmenten bzw. Schichten, denen die Kunden angehören. Für die Empfehlung muss das Segment des Kunden aus dem Datenbanksystem ausgelesen werden. Der Aufwand für die Erstellung der Produktempfehlung hält sich in Grenzen, der kleinen Anzahl[14] an Schichten müssen nur die jeweils passenden Produkte

---

[14] [Pepels 2000, S. 70] spricht z.B. von sechs Schichten, während andere nur von einer Aufteilung in Unter-, Mittel-, und Oberschicht ausgehen.

zugeordnet werden. Ein Nachteil der sozialen Schichtung gestaltet sich aber darin, dass aus der sozialen Schichtung kein konkretes Produkt, sondern ein Segment mit mehreren möglich Alternativen für die Produktempfehlung resultiert.

Tabelle 12: Bewertung der Qualität der sozialen Schichtung

Qualität	
Modellbedingter Umfang der Prognosevariablen	beschränkt
Aussagekraft des Modells bezüglich dem Kaufverhalten	gering
Bisheriger Produktbesitz bei Empfehlungen berücksichtigt	Nein
Reaktionen auf bisherige Produktansprachen berücksichtigt	Nein
Nachvollziehbarkeit des Ergebnisses gegeben	Ja
Lernfähigkeit des Modells durch Feedback	Nein

(Quelle: eigene Tabelle)

Der Umfang der Variablen, die in diesem Modell verwendet werden ist auf die Kriterien Einkommen, Ausbildung und Beruf beschränkt. Daraus ergibt sich auch, dass der bisherige Produktbesitz und die Reaktion auf bisherige Produktansprachen nicht mit in das Modell mit einfließen. Bezüglich des Kaufverhaltens ist das Modell aufgrund der weiter oben angesprochenen Individualisierungs- und Polarisierungstendenzen sowie der Vermögensnivellierung nicht besonders Aussagekräftig. Dafür ist aber die Nachvollziehbarkeit gegeben, denn die Einteilung von Personen in soziale Schichten anhand sozioökonomischer Kriterien ist transparent. Das Modell ist statisch und ändert sich durch Feedback, bzw. durch aktuellere Daten nicht, allerdings ist das nicht notwendig, da die Schichten eine relativ hohe zeitliche Stabilität aufweisen (vgl. [Diller/Köhler, S.128]).

Tabelle 13: Bewertung der sozialen Schichtung für die Anwendung in der Bankpraxis

Anwendung in der Bankpraxis	
Fehlertoleranz	gering
Referenzdaten für Empfehlungen notwendig	Nein
Automatisierbarkeit bei Aktualisierung der Modellerstellung	Nein
Automatisierte Erstellung der Produktempfehlung möglich	Ja

(Quelle: eigene Tabelle)

Die soziale Schichtung reagiert empfindlich auf fehlende Daten. Sind z.B. keine Informationen über das Einkommen einer Person verfügbar, wird die Einteilung in eine Schicht aufgrund der kleinen Anzahl an verwendeten Segmentierungskriterien erschwert. Referenz- bzw. Vergangenheitsdaten sind wie bei der mikrogeographischen Segmentierung nicht notwendig, da die

Produkte beispielsweise anhand von Erfahrung zu den passenden Segmenten zugeteilt werden können. Die Generierung einer automatischen Produktempfehlung für einen bestimmten Kunden ist mit einer gezielten Datenbankabfrage möglich, allerdings scheitert eine automatisierte Aktualisierung des Modells an der fehlenden Dynamik. Dies ist aufgrund der relativ hohen zeitlichen Stabilität der Schichten aber nicht so gravierend.

3.3.4 Lifestyle Typologie

Lifestyle - oder Lebensstil Typologien können als eine Weiterentwicklung der psychographischen Segmentierung betrachtet werden. Ziel dieses Ansatzes ist es, die Art und Weise wie eine Person ihr Leben führt, ihre Zeit verbringt und ihr Geld ausgibt, zu analysieren. Sich ähnelnde Konsumenten werden dabei zu bestimmten Käufertypen zusammengefasst. Zur Messung des Lebensstils wird häufig auf das Activity-Interests-Opinion(AIO)-Konzept zurückgegriffen. Laut AIO-Ansatz besteht der Lebensstil aus einer Kombination aus Handlungen (Activities), emotional bedingtem Verhalten (Interests) und Meinungen (Opinions) einer Person. Zur Erfassung solcher Informationen werden Konsumenten-Statements aus den Bereichen Freizeit, Arbeit und Konsum und psychographische Variablen wie z.B. Werte und allgemeine Einstellungen betrachtet. Neuere Lebensstil-Ansätze beziehen aber auch demographische und verhaltensorientierte Variablen mit ein. In der Vergangenheit ist ein breites Spektrum an Studien über den Lebensstil entstanden, die alle unterschiedliche Lebensstil Merkmale miteinander kombinieren. Eine der bekanntesten Studien ist hierbei der Milieu-Ansatz des Sinus-Institus Heidelberg (Sinus-Milieus[15]). (vgl. [Meffert et al. 2008, S.200-201], [Stuhldreier 2002, S.16-17])

Bewertung der Lifestyle Typologie anhand des Kriterienkataloges aus Kapitel 3.1.2:

Tabelle 14: Bewertung der Bedarfsermittlungs-Methode der Lifestyle Typologie

Bedarfsermittlungs-Methode	
Statistisches Verfahren	Nein
Erfahrungs-/ Expertenwissen	Ja

(Quelle: eigene Tabelle)

---

[15] Vgl. [Meffert et al. 2008, S.201-204]

Grundlage der Lifestyle Typologie bildet die Einteilung von Personen nach ihren Verhaltensmustern anhand von Werten, Einstellungen und Motiven. Für diese Einteilung sind keine statistischen Verfahren notwendig. (vgl. [Reeb 1998, S.7). Für die Ermittlung von Konstrukten wie der Einstellung oder des Motivs wird allerdings viel Expertenwissen benötigt (vgl. [Meffert 2000, S.187]).

Tabelle 15: Bewertung des Modellaufbaus der Lifestyle Typologie

Modellaufbau	
Entscheidungsmodell:	
Benötigte Datenmenge zur Erstellung des Entscheidungsmodells	hoch
Herkunft der Daten für Modellerstellung	intern/ extern
Aufwand für Modellerstellung	hoch
Objekt im Fokus des Modells	Kunde
Mögliche Entscheidungsvariablen im Modell bereits festgelegt	Nein
Produktempfehlung:	
Herkunft der Daten für Erstellung der Produktempfehlung	intern
Grundlage der Produktempfehlung	Segment
Aufwand für Erstellung der Produktempfehlung	gering
Ergebnis des Entscheidungsmodells	Segment

(Quelle: eigene Tabelle)

Das Entscheidungsmodell basiert u.a. auf psychographischen Daten, die nur durch umfassende Primärerhebungen erhoben werden können. Demzufolge sind für die Modellerstellung große Datenmengen nötig (vgl. [Kleiner 2008, S.124]). Die Informationen können aber nicht nur durch Fragenkataloge und Erhebungen aus externen Quellen gewonnen werden, sondern sie können auch intern vorliegen (vgl. [Pepels 2000, S.86). Beispielsweise ist es möglich, psychographische Daten aus der Analyse von Kundenverbindungen zu generieren (vgl. [Drewes 1996, S.78]). Obwohl das Modell in Anlehnung an eine bereits existierende Studie entwickelt werden kann, ist seine Erstellung aufgrund der arbeitsintensiven Datenerhebungen und der erforderlichen Analyse und Interpretation der Informationen durch Marktforscher sehr aufwendig (vgl. [Reeb 1998, S.75]). Die Lifestyle Typologie fokussiert wie die anderen beiden bedarfsorientierten Verfahren den Kunden, der anhand seines Verhaltensmusters segmentiert wird. Hierfür werden zwar primär psychographische Kriterien verwendet, aber auch demographische oder verhaltensorientierte Variablen können herangezogen werden. (vgl. [Kesting/Rennhak 2008, S.19])

Eine weitere Gemeinsamkeit mit den anderen beiden bedarfsorientierten Verfahren ist das Segment als Grundlage der Produktempfehlung. Auch hier reicht eine Anfrage an die unternehmensinterne Datenbank um das Segment des Kunden zu ermitteln. Das Ergebnis der Lifestyle Typologie bildet ein Segment mit mehreren für eine Empfehlung geeigneten Produkten. Diese wurden den Segmenten zuvor mit geringem Aufwand zugeordnet. Der Aufwand der Zuordnung ist aufgrund der überschaubaren Anzahl an Käufertypen gering, der Ansatz des Heidelberger Instituts arbeitet z.B. mit zehn Sinus-Milieus (vgl. [Meffert et al. 2008, S.203]).

Tabelle 16: Bewertung der Qualität der Lifestyle Typologie

Qualität	
Modellbedingter Umfang der Prognosevariablen	Unbeschränkt
Aussagekraft des Modells bezüglich dem Kaufverhalten	Hoch
Bisheriger Produktbesitz bei Empfehlungen berücksichtigt	Ja
Reaktionen auf bisherige Produktansprachen berücksichtigt	Ja
Nachvollziehbarkeit des Ergebnisses gegeben	Ja
Lernfähigkeit des Modells durch Feedback	Nein

(Quelle: eigene Tabelle)

Der Umfang der Variablen, die für die Prognose der Empfehlung eingesetzt werden können ist nicht beschränkt, es können sowohl psychographische als auch soziodemographische oder verhaltensorientierte Variablen für die Prognose verwendet werden (vgl. [Kesting/Rennhak 2008, S.19). Durch die Nutzung der verhaltensorientierten Merkmale, die u.a. auch die Produktnutzung und die Reaktion auf Kommunikationsmaßnahmen betrachten, kann der bisherige Produktbesitz und die Reaktion auf bereits erfolgte Produktansprachen bei der Lifestyle Segmentierung eine Rolle spielen. (vgl. [Stuhldereier 2002, S.19]) Die Beachtung der gerade erwähnten Merkmale und die Verwendung von psychographischen Variablen lassen auf eine hohe Kaufverhaltensrelevanz schließen. Besonders bei High-Involvement Produkten wie z.B. Autos oder Bankprodukten wird den Lebensstilen eine hohe Relevanz bezüglich des Kaufverhaltens zugesprochen (vgl. [Stuhldreier 2002, S.17]). Die Einteilung in Käufertypen mit verschiedenen Lebensstilen ergibt ein statisches Modell, dass anhand einer Graphik[16] nachvollzogen werden kann. Die fehlende Dynamik verhindert allerdings ein eigenständiges Lernen des Modells, es muss manuell

---

[16] Ein Beispiel einer solchen Graphik wäre die der Sinus Milieus (vgl. [Meffert et al. 2008, S.203]).

angepasst werden. Zwischen den Aktualisierungen können aber aufgrund der aufwendigen Datenerhebungen, größere Zeiträume liegen (vgl. [Kesting/Rennhak 2008, S.21]).

Tabelle 17: Bewertung der Lifestyle Typologie für die Anwendung in der Bankpraxis

Anwendung in der Bankpraxis	
Fehlertoleranz	Niedrig
Referenzdaten für Empfehlungen notwendig	Nein
Automatisierbarkeit bei Aktualisierung der Modellerstellung	Nein
Automatisierte Erstellung der Produktempfehlung möglich	Ja

(Quelle: eigene Tabelle)

Für die Zuteilung einer Person zu einem Käufertyp sind viele Daten notwendig. Sind diese Daten nicht vorhanden, wie das beispielsweise bei einem Neukunden der Fall ist, kann die richtige Einordnung einer Person nur schwer erfolgen. In dieser Hinsicht ist die Lifestyle Typologie fehleranfällig. Dafür können neue Produkte den entsprechenden Käufertypen zugeordnet werden ohne dass auf Vergangenheits- bzw. Referenzdaten zurückgegriffen werden muss. Eine automatische Aktualisierung ist aufgrund der aufwendigen Datenbeschaffung nicht möglich, jedoch kann eine automatisierte Produktempfehlung mittels einer gezielten Datenbankabfrage erfolgen.

3.4 Multivariate Analysemethoden

Eine andere Möglichkeit für die Erstellung einer individuellen Produktempfehlung bieten multivariate Analysemethoden. Diese Methoden werden in der Marktforschung verwendet, wenn mehr als zwei Variablen gleichzeitig betrachtet, und deren Beziehungsstruktur untersucht werden sollen. Dabei kann zwischen Dependenzanalysen und Interdependenzanalysen unterschieden werden. Während bei der Interdependenzanalyse zur Analyse von wechselseitigen Beziehungen alle Input-Variablen als gleich angesehen werden, wird bei der Dependenzanalyse zwischen abhängigen und unabhängigen Variablen unterschieden, um den Einfluss der unabhängigen Variablen auf die abhängigen zu beschreiben. (vgl. [Berekoven et al. 2006, S.209])

[Backhaus et al. 2006, S.7] unterscheidet zwischen strukturen-prüfenden und strukturen-entdeckenden Analyseverfahren, weist aber darauf hin, dass eine überschneidungsfreie Zuordnung der Verfahren nicht immer möglich ist. Struktur-entdeckende Verfahren suchen Zusammenhänge zwischen Variablen oder Objekten. Zu dieser Art der Analysemethoden gehören z.B. die Faktorenanalyse, die Clusteranalyse oder die Multidimensionale Skalierung. Das Ziel der strukturen-prüfenden Verfahren liegt in der Überprüfung von Zusammenhängen zwischen Variablen. Sie werden primär für die Durchführung von Kausalanalysen eingesetzt, beispielsweise zur Ermittlung des Einflusses der Qualität oder des Preises auf die Nachfrage eines Produktes. Mitglieder dieser Gruppe sind u.a. die Varianzanalyse, die Kontingenzanalyse oder die Logistische Regression. (vgl. [Backhaus et al. 2006, S.7-12])

Hinsichtlich der Produktempfehlung existieren also zwei Möglichkeiten, die multivariaten Analysemethoden einzusetzen. Zum Einen können mit Hilfe einer strukturen-entdeckenden Methode mehrere heterogene Klassen bzw. Marksegmente mit homogenen Individuen anhand von Kundenmerkmalen identifiziert werden. Wie bei den bedarfsorientierten Verfahren kann diesen Kunden anschließend ein speziell zu ihrem Segment passendes Produkt empfohlen werden. (vgl. [Pepels 2000, S.100-101])

Bei der anderen Alternative zur Generierung einer Produktempfehlung mit multivariaten Analysemethoden müssen die Klassen (z.B. Käufer oder Nichtkäufer), und zumindest von einem Teil der Kunden, die Klassenzugehörigkeit, bekannt sein. Unter Verwendung von strukuren-prüfenden Analysemethoden können anhand dieser Informationen Merkmale ermittelt werden, die in einem Zusammenhang mit der Klassenzugehörigkeit stehen. Auf Basis der ermittelten Merkmale kann anschließend ein Modell erstellt werden, mit dem die Klassenzugehörigkeit von z.B. einem neuen Kunden prognostiziert werden kann. So kann beispielsweise anhand von Kundenausprägungen festgestellt werden, ob ein Kunde eher in die Klasse der Käufer oder eher in die Klasse der Nichtkäufer eines Produktes einzuordnen ist. Gehört ein Kunde aufgrund seiner Merkmale mit großer Wahrscheinlichkeit zu den Käufern eines Produktes, kann ihm dieses empfohlen werden. (vgl. [Pepels 2000, S.103])

Ein Beispiel für die Verwendung multivariater Analysemethoden aus der Praxis zeigt das System „Wocas" von Amazon. Das System sammelt sämtliche Aktionen und Äußerungen von Kunden auf ihrer Internetseite. Diese Informationen werden minutiös ausgewertet um die Kaufgewohnheiten des Kunden zu analysieren, so dass ihm ein Produkt angeboten werden kann, welches ihn mit hoher Wahrscheinlichkeit interessiert. (vgl. [Sparkasse 2011, S.B5])

3.4.1 Clusteranalyse

Bei der Clusteranalyse handelt es sich um ein strukturen-entdeckendes Verfahren, dass aus einer Vielzahl von Personen oder Objekten Gruppen bildet. Die Mitglieder einer Gruppe sollen sich dabei möglichst ähnlich sein und eine weitgehend verwandte Eigenschaftsstruktur aufweisen. Ein wesentliches Merkmal der Clusteranalyse ist die gleichzeitige Untersuchung aller vorliegenden Merkmale von Personen zur Gruppenbildung, die alle gleich bewertet werden. Es handelt sich also um eine Interdependenzanalyse. (vgl. [Backhaus et al. 2006, S.490])

Im Prinzip handelt es sich bei der Clusteranalyse genau wie bei den bedarfsorientierten Ansätzen um ein Segmentierungsverfahren. Ein Unterschied liegt aber darin, dass es sich bei der Clusteranalyse um eine a-posteriori-Segmentbildung handelt, bei der die für die Segmentierung relevanten Merkmale erst durch die Verwendung eines multivariaten statistischen Verfahrens aus einer Vielzahl an Kriterien ermittelt werden. (vgl. [Stuhldreier, S.12])

Die Ausgangsbasis für eine Clusteranalyse bildet eine Rohdatenmatrix mit Objekten (z.B. Personen), die durch Variablen beschrieben werden. Im ersten Schritt ist es erforderlich, die Ähnlichkeit zwischen den Objekten zu messen. Dazu wird die Rohdatenmatrix in eine Distanz- oder Ähnlichkeitsmatrix überführt. Diese Matrix enthält Werte, die anhand der Rohdatenmatrix berechnet wurden und die Distanz zwischen den einzelnen Objekten wiedergeben. Solche Maße, die eine Quantifizierung der Distanz bzw. der Ähnlichkeit von Objekten zulassen, wie beispielsweise die Euklidische Distanz[17] oder die City-Block-Distanz[18], heißen Proximitätsmaße. Auf Grundlage der Distanzmatrix kann im nächsten Schritt ein Clusteralgorithmus verwendet werden, um die einzelnen Objekte anhand ihrer Ähnlichkeit zusammenzufassen. Es gibt zwei Arten von Clusteralgorithmen, die partitionierenden und die hierarchischen Verfahren. Erstere gehen von gegebenen Gruppen der Objekte aus und tauschen die einzelnen Elemente so lange hin und her, bis ein gewünschtes Ziel erreicht ist. Bei den Hierarchischen Clusteralgorithmen kann zwischen divisiven Verfahren, die von einer Gruppe die alle Objekte enthält ausgehen und diese immer weiter unterteilen, und von den in der Praxis relevanteren agglo-

---

[17] Vgl. [Pilger 2008, S.51]
[18] Vgl. [Pilger 2008, S.51-52]

merativen Verfahren differenziert werden. Der agglomerative Algorithmus ordnet jedem Objekt eine eigene Gruppe zu, und fasst diese immer weiter zusammen, bis nur noch eine überschaubare Anzahl an Gruppen übrig bleibt. (vgl. [Backhaus et al. 2006, S.492-511])

Grundsätzlich kann die Produktempfehlung bei der Clusteranalyse wie bei den bedarfsorientierten Verfahren anhand der Segmente generiert werden, da es sich bei beiden Verfahren um Segmentierungsverfahren handelt.

Bewertung der Clusteranalyse anhand des Kriterienkataloges aus Kapitel 3.1.2:

Tabelle 18: Bewertung der Bedarfsermittlungs-Methode der Clusteranalyse

Bedarfsermittlungs-Methode	
Statistisches Verfahren	Ja
Erfahrungs-/ Expertenwissen	Nein

(Quelle: eigene Tabelle)

Die Clusteranalyse verwendet einen Algorithmus um die Objekte auf Grundlage der Distanzmatrix in bestimmte Gruppen einzuteilen, daher handelt es sich um ein statistisches Verfahren (vgl. [Backhaus et al. 2006, S.492]). Fachwissen bzw. Erfahrung wird bei der Clusteranalyse nicht benötigt, das Verfahren geht objektiv und ohne Hintergrundwissen anhand eines gegebenen Algorithmus vor.

Tabelle 19: Bewertung des Modellaufbaus der Clusteranalyse

Modellaufbau	
Entscheidungsmodell:	
Benötigte Datenmenge zur Erstellung des Entscheidungsmodells	hoch
Herkunft der Daten für Modellerstellung	intern
Aufwand für Modellerstellung	gering
Objekt im Fokus des Modells	Kunde
Mögliche Entscheidungsvariablen im Modell bereits festgelegt	Nein
Produktempfehlung:	
Herkunft der Daten für Erstellung der Produktempfehlung	intern
Grundlage der Produktempfehlung	Segment
Aufwand für Erstellung der Produktempfehlung	gering
Ergebnis des Entscheidungsmodells	Segment

(Quelle: eigene Tabelle)

Um ein aussagekräftiges Entscheidungsmodell erstellen zu können sind große Stichproben notwendig (vgl. [Berekoven et al. 2006, S.221]). Diese Stichproben können allerdings aus der unternehmensinternen Datenbank ausgelesen werden, da es bei der Clusteranalyse keine besonderen Vorschriften bezüglich der heranzuziehenden Daten gibt. Der Aufwand für die Erstellung des Modells ist als gering einzustufen, die Objekte bzw. Personen werden durch den Algorithmus automatisch in Segmente eingeteilt. Lediglich Vorüberlegungen, beispielsweise über mögliche Ausreißer, die das Ergebnis verfälschen können, müssen durchgeführt werden, um die Datenqualität zu erhöhen. Im Fokus des Modells steht wie schon bei den anderen Segmentierungsverfahren der Kunde, der über seine Merkmale einem Segment zugeordnet wird. Die in das Modell einfließenden Entscheidungsvariablen sind aufgrund der oben erwähnten fehlenden Vorschriften bezüglich der heranzuziehenden Daten nicht durch das Modell festgelegt. (vgl. [Backhaus et al. 2006, S.549])

Die Produktempfehlung anhand der Clusteranalyse beruht auf dem gleichen Konzept wie die der bedarfsorientierten Verfahren, als Grundlage dient ein Segment und einem Kunden kann durch eine Auskunft der internen Datenbank das zu seinem Segment passende Produkt empfohlen werden. Bei der Clusteranalyse ist die Anzahl an Segmenten bzw. Kundengruppen die am Ende gebildet werden nicht von Anfang an gegeben. Es muss zwischen der Handhabbarkeit (wenige Cluster) und der Homogenitätsanforderung (viele Cluster) ab gewägt werden (vgl. [Backhaus et al. 2006, S.492]). Die Anzahl der Cluster sollte aber überschaubar sein, und daher ist der Aufwand für die Produktempfehlung gering.

Tabelle 20: Bewertung der Qualität der Clusteranalyse

Qualität	
Modellbedingter Umfang der Prognosevariablen	unbeschränkt
Aussagekraft des Modells bezüglich dem Kaufverhalten	hoch
Bisheriger Produktbesitz bei Empfehlungen berücksichtigt	Ja
Reaktionen auf bisherige Produktansprachen berücksichtigt	Ja
Nachvollziehbarkeit des Ergebnisses gegeben	Nein
Lernfähigkeit des Modells durch Feedback	Ja

(Quelle: eigene Tabelle)

Für die Durchführung einer Clusteranalyse gibt es bezüglich des Umfangs keine Vorschriften, zudem spielt es keine Rolle, ob die Daten metrisch skaliert sind oder nicht, daher ist die Verwendung an möglichen Variablen uneingeschränkt (vgl. [Berekoven et al. 2006, S.221]). Zur Erstellung der Cluster können soziodemographische, psychographische, verhaltensorientierte und auch Besitz- und Reaktionsdaten verwendet werden (vgl. [Berekoven et al. 2006, S.222]). Aus dieser Fülle an möglichen Informationen, vor allem durch das hinzuziehen von bisherigem Produktbesitz und der Reaktionen auf bisherige Reaktionen bezüglich Kommunikationsmaßnahmen, und aufgrund der Tatsache, dass durch den Algorithmus die relevanten Kriterien herausgefiltert werden, kann auf eine hohe Kaufverhaltensrelevanz der Clusteranalyse geschlossen werden. Nachvollziehbar ist die Aufteilung der Gruppen allerdings nicht, die Verwendung von Distanzmaßen auf die ein Algorithmus ausgeführt wird ist nicht Transparent. Dafür können aktuelle Daten sofort in das Modell integriert werden, das Modell lernt somit z.B. aus neuen Informationen, die über einen Kunden verfügbar sind.

Tabelle 21: Bewertung der Clusteranalyse für die Anwendung in der Bankpraxis

Anwendung in der Bankpraxis	
Fehlertoleranz	hoch
Referenzdaten für Empfehlungen notwendig	Nein
Automatisierbarkeit bei Aktualisierung der Modellerstellung	Ja
Automatisierte Erstellung der Produktempfehlung möglich	Ja

(Quelle: eigene Tabelle)

Die Fehlertoleranz der Clusteranalyse ist aufgrund der großen Menge an verarbeiteten Daten und durch fehlervermeidende Vorüberlegungen hoch, allerdings bleibt es schwer, einen Kunden einzuordnen, wenn nicht genügend Informationen über ihn vorhanden sind. Referenzdaten sind nicht notwendig, da es sich um eine Interdependenzanalyse handelt, bei der alle Variablen als gleichwertig angesehen werden und beispielsweise für die Zuordnung neuer Produkte zu ihren Segmenten keine Daten benötigt werden. Automatisierte Aktualisierungen sind genauso wie automatische Produktempfehlungen möglich. Ändert sich zum Beispiel die Distanz zwischen zwei Kunden, weil sich ein Kundenattribut geändert hat, dann kann der Kunden durch das Modell selbstständig in eine jetzt für ihn geeignetere Kundengruppe verschieben. Die Produktempfehlung kann wie bei den bedarfsorientierten Modellen mittels einer gezielten Datenbankabfrage automatisiert generiert werden.

3.4.2 Logistische Regressionsanalyse

Während es sich bei der Clusteranalyse um eine Methode der Klassenbildung handelt, stellt die logistische Regressionsanalyse eine Methode zur Lösung eines Klassifizierungsproblems dar. Die logistische Regressionsanalyse hat ihr Ursprünge in der multiplen linearen Regression und unter ihr versteht man die Einteilung von Objekten in abzählbar viele vorher festgelegte Kategorien von

Zielvariablen. (vgl. [Ruhland/Schober 2005, S.79]) Dabei geht es um die Frage, mit welcher Wahrscheinlichkeit ein Objekt zu einer definierten Zielvariablen zugeteilt werden kann, und welche Merkmale für die Zuteilung ausschlaggebend sind. Beispiele hierfür sind die Kaufentscheidung eines Kunden für ein Produkt (ja-nein) oder die Bonität eines Kunden (unsicher-eher unsicher-eher sicher-sicher). (vgl. [Pilger 2008, S. 35]).

Die logistische Regression gehört zu den strukturen-prüfenden Verfahren und untersucht die Auswirkungen mehrerer unabhängiger Variablen auf eine abhängige. Es handelt sich also um eine Dependenzanalyse. Für die Durchführung der Regressionsanalyse müssen zunächst die abhängige Variable, die die Eintrittswahrscheinlichkeit des interessierenden Ereignisses angibt, sowie die unabhängigen Variablen bestimmt werden. Anschließend wird der „Logit", eine zwischengeschaltete Hilfsvariable berechnet, die eine Beziehung zwischen der binären abhängigen und den unabhängigen Variablen herstellt, und die Einflussstärke der verschiedenen unabhängigen auf die abhängige Variable beschreibt. Im nächsten Schritt wird der „Logit" in eine s-förmige logistische Funktion transformiert, die als Ergebnis einen Wert zwischen null und eins ausgibt und damit die Wahrscheinlichkeit des Eintretens der abhängigen Zielvariablen mit einem Prozentwert beschreibt. (vgl. [Pilger 2008, S.36-38])

Zur Generierung der Produktempfehlung kann als abhängige Variable beispielsweise der Besitz eines bestimmten Produktes wie der Kreditkarte herangezogen werden. Anhand der logistischen Regressionsanalyse kann nun berechnet und mit Koeffizienten angegeben werden, welchen Einfluss bestimmte Merkmale auf den Besitz einer Kreditkarte haben. Anhand der errechneten Koeffizienten und der Merkmale eines Kunden kann abschließend berechnet werden, mit welcher Wahrscheinlichkeit ein Kunde an einer Kreditkarte interessiert ist. Ist das Interesse hoch, kann dem Kunden die Kreditkarte empfohlen werden.

Bewertung der logistischen Regressionsanalyse anhand des Kriterienkataloges aus Kapitel 3.1.2:

Tabelle 22: Bewertung der Bedarfsermittlungs-Methode der logistischen Regressionsanalyse

Bedarfsermittlungs-Methode	
Statistisches Verfahren	Ja
Erfahrungs-/ Expertenwissen	Nein

(Quelle: eigene Tabelle)

Die logistische Regressionsanalyse stellt ein statistisches Verfahren dar, da der „Logit" mit einer logistischen Regressionsfunktion transformiert wird, um Kaufwahrscheinlichkeiten zu erhalten. Expertenwissen oder Erfahrungen wird nicht benötigt, die Wahrscheinlichkeiten werden auf Basis der Kundenausprägungen berechnet. (vgl. [Backhaus et al. 2006, S.433])

Tabelle 23: Bewertung des Modellaufbaus der logistischen Regressionsanalyse

Modellaufbau	
Entscheidungsmodell:	
Benötigte Datenmenge zur Erstellung des Entscheidungsmodells	gering
Herkunft der Daten für Modellerstellung	intern
Aufwand für Modellerstellung	gering
Objekt im Fokus des Modells	Produkt
Mögliche Entscheidungsvariablen im Modell bereits festgelegt	Nein
Produktempfehlung:	
Herkunft der Daten für Erstellung der Produktempfehlung	intern
Grundlage der Produktempfehlung	Kaufwahrscheinlichkeit
Aufwand für Erstellung der Produktempfehlung	mittel
Ergebnis des Entscheidungsmodells	Produkt

(Quelle: eigene Tabelle)

Für die Erstellung eines robusten logistischen Regressionsmodells reichen ca. 50 bis 100 Datensätze über die Zielvariable aus, allerdings sollten von keiner der möglichen Ausprägungen weniger als 25 Fälle vorhanden sein. Im Vergleich zu anderen statistischen Verfahren, die oft mehrere Tausend Datensätze erfordern, kann die benötigte Datenmenge bei der logistischen Regression als gering eingeschätzt werden. (vgl. [Ruhland/Schober 2005, S. 80]; [Backhaus et al. 2006, S. 480]) Das Modell schreibt keine bestimmten Daten für die Erstellung vor, daher können alle verfügbaren Informationen die intern vorliegen, verwendet werden. Insgesamt ist der Aufwand für die Modellerstellung nicht besonders hoch, da z.B. die notwendigen Daten bereits vorliegen. Zeitintensiv kann allerdings die Umkodierung der Variablen werden, die abhängige

Zielvariable, die auch im Fokus des Modells steht, muss beispielsweise binär kodiert werden. (vgl. [Ruhland/Schober 2005, S.80]) Die Zielvariable für eine Produktempfehlung stellen die Produkte da.

Die Produktempfehlung wird bei der logistischen Regression auf Grundlage von Kaufwahrscheinlichkeiten erstellt. Das Modell liest die benötigten Kundenmerkmale aus der Datenbank aus und berechnet Damit die Kaufwahrscheinlichkeit eines Kunden für jedes Produkt. Diese Wahrscheinlichkeiten werden verglichen und dem Kunden wird das Produkt empfohlen, dem das Modell das größte Kundeninteresse prognostiziert hat. Das Berechnen der Wahrscheinlichkeit für jedes Produkt und der anschließende Vergleich der Ergebnisse sind mit viel Aufwand verbunden, allerdings sind dafür immer die gleichen Schritte erforderlich. Aus diesem Grund wird der Aufwand für die Produktempfehlung als mittelmäßig eingestuft. Als Ergebnis der logistischen Regressionsanalyse ergibt sich kein Segment, sondern ein spezielles Produkt.

Tabelle 24: Bewertung der Qualität der logistischen Regressionsanalyse

Qualität	
Modellbedingter Umfang der Prognosevariablen	unbeschränkt
Aussagekraft des Modells bezüglich dem Kaufverhalten	hoch
Bisheriger Produktbesitz bei Empfehlungen berücksichtigt	Ja
Reaktionen auf bisherige Produktansprachen berücksichtigt	Ja
Nachvollziehbarkeit des Ergebnisses gegeben	Nein
Lernfähigkeit des Modells durch Feedback	Ja

(Quelle: eigene Tabelle)

Bei der ist der logistischen Regression können alle vorhanden Daten verwendet werden. Dazu gehören soziodemographische, psychographische und verhaltensorientierte Daten sowie Besitz- und Reaktionsdaten. Damit ist der bisherige Produktbesitz sowie die Reaktionen auf bisherige Marketingmaßnahmen Teil des Modells und es kann wie bei der Clusteranalyse von einer hohen Kaufverhaltensrelevanz ausgegangen werden. Die Entstehung des Modells und der Wahrscheinlichkeiten ist bei der logistischen Regressionsanalyse u.a. durch den „Logit", der anhand von Koeffizienten gebildet wird nicht trivial und deshalb nicht nachvollziehbar. Der Einfluss der einzelnen Koeffizienten und damit der einzelnen Kundenmerkmale auf die Kaufwahrscheinlichkeit ist aber gut interpretierbar (vgl. [Ruhland/Schober 2005, S.80]). Aus Feedback kann das Modell lernen, es kann die Koeffizienten aus denen der „Logit" gebildet wird neu berechnen, sobald aktuellere Daten vorliegen.

Tabelle 25: Bewertung der logistischen Regressionsanalyse für die Anwendung in der Bankpraxis

Anwendung in der Bankpraxis	
Fehlertoleranz	hoch
Referenzdaten für Empfehlungen notwendig	Ja
Automatisierbarkeit bei Aktualisierung der Modellerstellung	Ja
Automatisierte Erstellung der Produktempfehlung möglich	Ja

(Quelle: eigene Tabelle)

Die logistische Regressionsanalyse ist gegenüber Fehlern tolerant, fehlende Werte können dummy-kodiert werden und eine eigene Klasse bilden. Dies ist allerdings nur sinnvoll, wenn nicht allzu viele Werte fehlen. (vgl. [Ruhland/Schober 2005, S.80-81]) Referenzdaten werden benötigt, da das Modell von einer abhängigen Zielvariablen ausgeht, von der mindestens 50 Datensätzen bekannt sein müssen, um den Einfluss der Kundenmerkmale zu ermitteln. Sowohl Aktualisierungen als auch die Produktempfehlung können automatisch ablaufen. Neue Daten können z.B. wöchentlich mit in das Modell aufgenommen werden um die Koeffizienten zur Bildung des „Logits" anzupassen. Die automatische Produktempfehlung kann durch einen von einem System ausgeführten Vergleich der Kaufwahrscheinlichkeiten eines Kunden generiert werden.

3.4.3 Entscheidungsbäume

Entscheidungsbäume gehören nicht zu den multivariaten Analysemethoden, sondern zum Data Mining[19]. Da sich Data Mining aber aus einer Kombination verschiedener Forschungsrichtungen, zu denen in erster Linie auch die multivariaten Analysemethoden zählen, und aufgrund der Eignung der Entscheidungsbäume für die Erstellung einer Produktempfehlung werden sie aber in diesem Zusammenhang auch besprochen. (vgl. [Pepels 2000, S.119]; [Pilger 2008, S.78])

Entscheidungsbäume legen Regeln fest, die beschreiben, wie Datensätze zu klassifizieren sind. Es handelt sich also wie bei der logistischen Regressionsanalyse um ein Klassifikationsverfahren, das zwischen einer Zielvariablen,

---

[19] Data Mining „bezeichnet die automatische oder semi-automatische Analyse und Aufdeckung von signifikanten Regeln und Mustern innerhalb (zumeist) großer Datenbestände" [Bruhn/Homburg 2001, S.120]

anhand der die Objekte eingeteilt werden, und Input-Variablen, die die Objekte beschreiben, unterscheidet. (vgl. [Pilger 2008, S.114-115])

Ein Klassifikationsbaum hat einen Wurzelknoten, der alle Objekte, z.B. Kunden enthält. Der Wurzelknoten verzweigt sich in Unterknoten, wobei jedes Objekt genau einem Unterknoten zugeteilt wird. Wird ein Knoten nicht mehr weiter aufgeteilt handelt es sich um einen Blattknoten, der ein Segment darstellt. Das Ziel des Entscheidungsbaumes besteht darin, den Wurzelknoten stetig aufzuteilen, bis bezüglich der abhängigen Zielvariablen möglichst homogene Segmente entstehen. Dazu wird in jedem Knoten, der weiter verzweigt wird nach der unabhängigen Variablen gesucht, die den stärksten Zusammenhang zur Klassifikation hat, die also die Ausprägungen der Zielvariablen am besten trennt. Diese Split-Variable ist für die Zuordnung der Objekte zu den folgenden Unterknoten verantwortlich. Für die Ermittlung der trennschärfsten unabhängigen Variablen, gibt es zwei verbreitete Algorithmen, CHAID[20] und CART[21]. (vgl. [Pepels 2000, S.117-119])

Um eine Produktempfehlung anhand eines Entscheidungsbaumes zu erstellen, kann als abhängige Zielvariable der Produktbesitz von z.B. der Kreditkarte mit den Ausprägungen „besitzt Kreditkarte" und „besitzt Kreditkarte nicht" verwendet werden. Durch Verzweigungen im Baum anhand von unabhängigen Merkmalen wie beispielsweise dem Alter eines Kunden werden Segmente mit einer unterschiedlichen Verteilung der Ausprägungen der Zielvariablen gebildet, wie in dem vereinfachten zur Veranschaulichung erstellten Baum in Abbildung 7 zu erkennen ist.

---

[20] Vgl. [Pilger 2008, S.122]
[21] Vgl. [Pilger 2008, S.135]

Abbildung 6: Einfaches Beispiel eines Entscheidungsbaumes

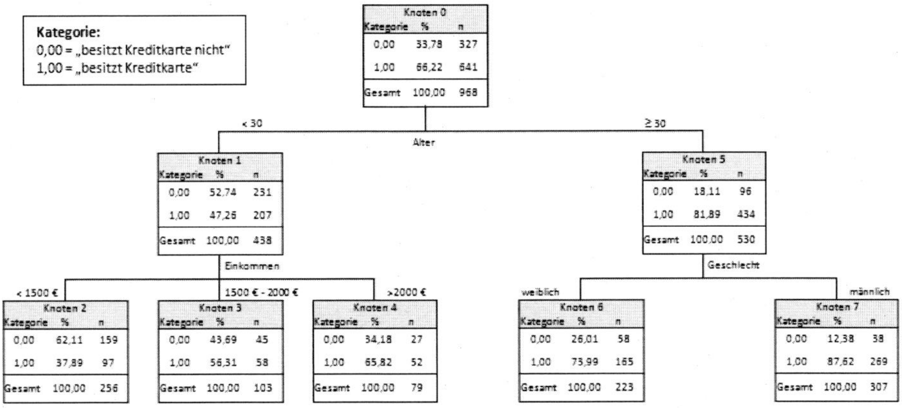

(Quelle: eigene Abbildung)

Wie in der Abbildung zu erkennen ist, enthält jedes Segment eine Kaufwahrscheinlichkeit. Wird ein Entscheidungsbaum für jedes Produkt erstellt, kann der Kunde anhand seiner Merkmale jeweils einem Segment mit einer Kaufwahrscheinlichkeit zugeordnet werden. Schließlich kann dem Kunden das Produkt empfohlen werden bei dem das Segment des Kunden die höchste Kaufwahrscheinlichkeit aufweist.

Bewertung der Entscheidungsbäume anhand des Kriterienkataloges aus Kapitel 3.1.2:

Tabelle 26: Bewertung der Bedarfsermittlungs-Methode der Entscheidungsbäume

Bedarfsermittlungs-Methode	
Statistisches Verfahren	Ja
Erfahrungs-/ Expertenwissen	Nein

(Quelle: eigene Tabelle)

Die Entscheidungsbäume gehören zwar nicht zu den multivariaten Analysemethoden, dennoch verwenden sie Baumaufbaualgorithmen (CHAID, CART), die auf ein statistisches Verfahren hinweisen. Besonderes Expertenwissen ist nicht nötig, die Verzweigungen der Knoten werden objektiv durch Berechnungen erstellt.

Tabelle 27: Bewertung des Modellaufbaus der Entscheidungsbäume

Modellaufbau	
Entscheidungsmodell:	
Benötigte Datenmenge zur Erstellung des Entscheidungsmodells	hoch
Herkunft der Daten für Modellerstellung	intern
Aufwand für Modellerstellung	gering
Objekt im Fokus des Modells	Produkt
Mögliche Entscheidungsvariablen im Modell bereits festgelegt	Nein
Produktempfehlung:	
Herkunft der Daten für Erstellung der Produktempfehlung	intern
Grundlage der Produktempfehlung	Kaufwahrscheinlichkeit
Aufwand für Erstellung der Produktempfehlung	mittel
Ergebnis des Entscheidungsmodells	Produkt

(Quelle: eigene Tabelle)

Für die Erstellung eines Entscheidungsbaumes werden oft mehrere Tausend Datensätze benötigt (vgl. [Ruhland/Schober 2005, S.80]). Dies ist dadurch zu erklären, dass alleine für die Schätzung eines Knotens mindestens 50 Datensätze notwendig sind (vgl. [Pilger 2008, S.121]). Die intern vorliegenden Daten reichen aber für das Modell aus, da keine besonderen Vorschriften für die zu verwendenden Kundenmerkmale existieren. Daraus folgt auch, dass die Entscheidungsvariablen im bei Entscheidungsbäumen nicht festgelegt sind, allerdings muss zwischen einer Zielvariablen und den unabhängigen Input-Variablen unterschieden werden (vgl. [Pilger 2008, S.115]). Im Mittelpunkt der Modellempfehlung steht das Produkt bzw. der Produktbesitz, der als Zielvariable eingesetzt wird. Die Klassifizierung der Kunden wird automatisch durch den Algorithmus durchgeführt, dadurch beschränkt sich der Aufwand auf wenige Einstellungen, die beispielsweise ein Overfitting vermeiden sollen (vgl. [Pilger 2008, S.120]).

Ein Segment mit einer Kaufwahrscheinlichkeit dient als Grundlage für die Produktempfehlung. Dafür müssen die Entscheidungsbäume nur mit den intern vorhandenen Informationen eines Kunden abgegangen werden. Dies ist zwar nicht aufwendig und die Anwendung der Bäume ist auch sehr einfach (vgl. [Ruhland/Schober 2005, S.77]), allerdings muss dieser Arbeitsschritt bei jedem Baum erfolgen und zusätzlich müssen die Wahrscheinlichkeiten zur Ermittlung des zu empfehlenden Produktes noch verglichen werden. Aus diesem Grund wird der Aufwand für die Erstellung der Produktempfehlung als mittelmäßig eingestuft. Aus der Anwendung von Entscheidungsbäumen resultiert genau ein zu empfehlendes Produkt.

Tabelle 28: Bewertung der Qualität der Entscheidungsbäume

Qualität	
Modellbedingter Umfang der Prognosevariablen	unbeschränkt
Aussagekraft des Modells bezüglich dem Kaufverhalten	hoch
Bisheriger Produktbesitz bei Empfehlungen berücksichtigt	Ja
Reaktionen auf bisherige Produktansprachen berücksichtigt	Ja
Nachvollziehbarkeit des Ergebnisses gegeben	Ja
Lernfähigkeit des Modells durch Feedback	Ja

(Quelle: eigene Tabelle)

Genau wie bei den anderen statistischen Ansätzen sind auch bei den Entscheidungsbäumen der Umfang und die Art der Prognosevariablen nicht eingeschränkt. Es wird also auf den bisherigen Produktbesitz und auf bisherige Reaktionen auf Produktansprachen eingegangen. Desweiteren werden auch psychographische Variablen betrachtet, was auf eine hohe Kaufverhaltensrelevanz schließen lässt. Eine weitere Stärke der Entscheidungsbäume liegt in der Nachvollziehbarkeit und Interpretierbarkeit der Ergebnisse (vgl. [Ruhland/Schober 2005, S.77]). Dies ist u.a. damit zu begründen, dass sie übersichtlich und einfach darzustellen sind. Ebenfalls positiv ist die Lernfähigkeit der Entscheidungsbäume zu erwähnen, sobald aktuellere Daten vorliegen können die Bäume mit Hilfe eines Algorithmus an die neuen Informationen angepasst werden.

Tabelle 29: Bewertung der Entscheidungsbäume für die Anwendung in der Bankpraxis

Anwendung in der Bankpraxis	
Fehlertoleranz	gering
Referenzdaten für Empfehlungen notwendig	Ja
Automatisierbarkeit bei Aktualisierung der Modellerstellung	Ja
Automatisierte Erstellung der Produktempfehlung möglich	Ja

(Quelle: eigene Tabelle)

Entscheidungsbäume sind sehr fehleranfällig, wenn nur eine im Baum verwendete Input-Variable eines Kunden fehlt, kann der Weg nicht weitergegangen werden und das Segment des Kunden kann nicht ermittelt werden. Als Referenzdaten werden Vergangenheitsdaten über das Produktes benötigt, fehlen diese (z.B. bei einem neuen Produkt), ist die Erstellung eines Baumes nicht möglich. Die Bäume können durch eine regelmäßige Durchführung des Baumaufbaualgorithmus ständig unter Berücksichtigung der aktuellen Informationen aktualisiert werden. Auch die Ermittlung des jeweiligen Segmentes eines Kunden und der anschließende Vergleich können automatisch erfolgen um eine Automatisierte Produktempfehlung zu gewährleisten.

3.5 Analyse der Stärken und Schwächen der vorgestellten Verfahren

In diesem Kapitel werden die Stärken und Schwächen der bedarfsorientierten - sowie der statistischen Verfahren zur Generierung einer Produktempfehlung gegenübergestellt. Hierfür wird einzeln auf die vier Teilbereiche des Bewertungskataloges eingegangen, und schließlich ein Fazit gezogen. Eine Übersicht über die Bewertung der einzelnen Modelle zeigt Tabelle 30.

Tabelle 30: Übersicht über die Bewertung der vorgestellten Verfahren

	Mikrogeographische Segmentierung	Soziale Schichtung	Lifestyle - Typologie	Clusteranalyse	Logistische Regression	Entscheidungsbäume
Bedarfsermittlungs-Methode						
Statistisches Verfahren	nein	nein	nein	ja	ja	ja
Erfahrungs-/ Expertenwissen	ja	ja	ja	nein	nein	nein
Modellaufbau						
Entscheidungsmodell:						
Benötigte Datenmenge zur Erstellung des Entscheidungsmodells	hoch	gering	hoch	hoch	gering	hoch
Herkunft der Daten für Modellerstellung	extern	intern	intern/extern	intern	intern	intern
Aufwand für Modellerstellung	hoch	mittel	hoch	gering	gering	gering
Objekt im Fokus des Modells	Kunde	Kunde	Kunde	Kunde	Produkt	Produkt
Mögliche Entscheidungsvariablen im Modell bereits festgelegt	nein	ja	nein	nein	nein	nein
Produktempfehlung:						
Herkunft der Daten für Erstellung der Produktempfehlung	intern	intern	intern	intern	intern	intern
Grundlage der Produktempfehlung	Segment	Segment	Segment	Segment	Kaufwahrscheinlichkeit	Kaufwahrscheinlichkeit
Aufwand für Erstellung der Produktempfehlung	gering	gering	gering	gering	mittel	mittel
Ergebnis des Entscheidungsmodells	Segment	Segment	Segment	Segment	Produkt	Produkt
Qualität						
Modellbedingter Umfang der Prognosevariablen	unbeschränkt	beschränkt	unbeschränkt	unbeschränkt	unbeschränkt	unbeschränkt
Aussagekraft des Modells bezüglich dem Kaufverhalten	hoch	gering	hoch	hoch	hoch	hoch
Bisheriger Produktbesitz bei Empfehlungen berücksichtigt	nein	nein	ja	ja	ja	ja
Reaktionen auf bisherige Produktansprachen berücksichtigt	nein	nein	ja	ja	ja	ja
Nachvollziehbarkeit des Ergebnisses gegeben	ja	ja	ja	nein	nein	ja
Lernfähigkeit des Modells durch Feedback	nein	nein	nein	ja	ja	ja
Anwendung in der Bankpraxis						
Fehlertoleranz	hoch	gering	gering	hoch	hoch	gering
Referenzdaten für Empfehlungen notwendig	nein	nein	nein	nein	ja	ja
Automatisierbarkeit bei Aktualisierung der Modellerstellung	nein	nein	nein	ja	ja	ja
Automatisierte Erstellung der Produktempfehlung möglich	ja	ja	ja	ja	ja	ja

(Quelle: eigene Tabelle)

Bedarfsermittlungsmethode:
Bei der Bedarfsermittlungsmethode gibt es einen wesentlichen Unterschied zwischen beiden Ansätzen. Die statistischen Verfahren basieren auf Berechnungen und können unter Verwendung eines Statistik-Programms wie z.B. SPSS[22] oder SAS[23] durch einen Computer anhand von Algorithmen generiert werden. Hierfür sind nur statistische Kenntnisse erforderlich. Im Gegensatz dazu benötigt die Erstellung eines bedarfsorientierten Modells viel Expertenwissen und Erfahrung.

Modellaufbau:
Bezüglich der benötigten Datenmenge für die Erstellung des Entscheidungsmodells kann kein Unterschied zwischen den zu vergleichenden Verfahren festgestellt werden. Bei beiden Ansätzen variiert der Bedarf an Informationen zwischen den Modellen, allerdings erhöht sich die Qualität der statistischen Modelle mit der Menge der verfügbaren Daten. Dies ist bei den bedarfsorientierten Modellen aufgrund der größtenteils festgelegten Entscheidungsvariablen nur bedingt der Fall. Daraus ergeben sich auch zwei weitere Vorteile der statistischen Verfahren. Die Entscheidungsvariablen sind nicht vorbestimmt und müssen daher, falls nicht intern vorhanden, nicht von externen Quellen erhoben werden. Dadurch verringert sich der Aufwand für die Erstellung des Modells. Es müssen keine bestimmten Informationen beschafft und interpretiert werden, die bei einer Bank intern vorliegenden Daten reichen für die Erstellung des Modells aus.

Eine Gemeinsamkeit aller vorgestellten Modelle liegt darin, dass die Produktempfehlung auf Basis des Entscheidungsmodells mit internen Daten erstellt werden kann. Die bedarfsorientierten Verfahren und die Clusteranalyse sind auf die Kunden fokussiert und generieren die Empfehlung auf Basis von Kundensegmenten, während die anderen statistischen Verfahren die Produkte in den Mittelpunkt stellen und auf ihre jeweiligen Kaufwahrscheinlichkeiten zurückgreifen. Dieser Unterschied wirkt sich auf das Ergebnis des Entscheidungsmodells aus. Im Gegensatz zu den Segment-basierten Verfahren, die nur ein Segment mit mehreren für die Empfehlung möglichen Produkten liefern, resultiert aus den anderen Ansätzen, die mit der Kaufwahrscheinlichkeit

---

[22] Vgl. [Backhaus et al. 2006, S.15].
[23] Vgl. [Krahl et al. 1998, S.120].

arbeiten, genau ein zu empfehlendes Produkt. Nachteilig wirkt sich aber der erhöhte Aufwand für die Erstellung der exakteren Produktempfehlung aus. Bei den Ansätzen auf Grundlage von Kaufwahrscheinlichkeiten wird ein eigenes Modell für jedes Produkt verwendet, während bei den Segment-basierten Verfahren ein Modell, das die Kunden klassifiziert, ausreicht.

Qualität:

Im Bereich Qualität existieren weitere Unterschiede zwischen den vorgestellten Verfahren zur Erstellung einer Produktempfehlung. Bei den statistischen Ansätzen ist der Umfang der verwendeten Variablen nicht beschränkt und der bisherige Produktbesitz sowie sie Reaktionen auf bisherige Produktansprachen kann in das Modell mit einbezogen werden. Daraus folgt eine hohe Aussagekraft der Verfahren bezüglich des Kaufverhaltens der Kunden. Die bedarfsorientierten Verfahren hingegen weisen nicht immer eine hohe Kaufverhaltensrelevanz auf. Dies kann u.a. daran liegen, dass der Umfang der eingesetzten Variablen beschränkt ist oder wichtige Kriterien wie der bisherige Produktbesitz nicht beachtet werden. Ein weiterer Vorteil ist die Lernfähigkeit von statistischen Verfahren, im Gegensatz zu den bedarfsorientierten Ansätzen können sie einfach an neue und aktuelle Daten angepasst werden. Allerdings haben sie den Nachteil, dass ihre Ergebnisse aufgrund der wenig transparenten Berechnungen nur schwer nachzuvollziehen sind. Die Segmente von Bedarfsorientierten Ansätzen sind meist Transparent und auch für einen Laien nachvollziehbar, woraus eine höhere Akzeptanz für diese Verfahren resultiert.

Anwendung in der Bankpraxis:

Sowohl die statistischen - als auch die bedarfsorientierten Verfahren eignen sich für den Einsatz in der Bankpraxis. Auf Grundlage beider Ansätze kann anhand geeigneter Datenbankabfragen automatisch eine speziell für jeden Kunden passende Produktempfehlung generiert werden. Statistische Verfahren haben darüber hinaus den Vorteil, dass die Modelle auch automatisiert erstellt werden können, womit sie immer aktuell bleiben. Allerdings benötigen diese Verfahren für die Erstellung eines Modells Vergangenheitsdaten, die beispielsweise bei der Einführung eines neuen Bankproduktes nicht vorliegen.

Folgende Tabelle zeigt noch einmal eine Übersicht über die Stärken und Schwächen der beiden Ansätze zur Erstellung einer Produktempfehlung:

Tabelle 31: Stärken und Schwächen der Verfahren zur Erstellung einer Produktempfehlung

	Bedarfsorientierte Verfahren	Statistische Verfahren
Strukturgrad[24] der Bedarfserkennung	Hoch, die Variablen sind bereits vordefiniert	Niedrig, signifikante Variablen sind erst nach der Durchführung bekannt
Strukturgrad der Produktempfehlung	Niedrig, die Modelle haben mehrere Produkte als Ergebnis	Hoch, Modell empfiehlt ein bestimmtes Produkt, Ausnahme: Clusteranalyse (niedrig)
Abbildungsqualität des Modells	Basiert auf Erfahrungen und Expertenwissen, statistische Signifikanz der Ergebnisse fraglich	Hoch, wenn die "richtigen" Variablen gefunden wurden
Aussagekraft des Modells	Eingeschränkt, nicht alle Informationen werden beachtet	Hoch, alle vorhandenen Informationen werden beachtet
Aktualität des Modells	Modelle weisen eine relativ hohe zeitliche Stabilität auf	Hoch, Modelle können jederzeit an aktuelle Daten angepasst werden
Nachvollziehbarkeit der Modelle	Gegeben, Modelle sind transparent	Nicht gegeben, Berechnungen der Modelle sind nicht transparent

(Quelle: eigene Tabelle)

Die Tabelle verdeutlicht, dass die Verfahren unterschiedliche Vor- und Nachteile haben. Die bedarfsorientierten Verfahren haben den Nachteil dass die zu verwendenden Variablen vordefiniert sind. Dadurch können relevante Variablen fehlen, worunter die Abbildungsqualität leidet. Des Weiteren basieren die Ergebnisse auf subjektiven Einschätzungen, die wissenschaftlich nicht belegt werden können, und das Ergebnis ist nicht exakt, sondern es besteht aus einem Segment mit mehreren möglichen zu empfehlenden Produkten. Aber auch die statistischen Verfahren haben Schwächen, sie sind nur schwer nachvollziehbar. Damit ist es schwierig zu erkennen, ob die „richtigen" Variablen für die Modellerstellung herangezogen wurden und damit eine hohe Abbildungsqualität erreicht wurde. Außerdem beruht die Produktempfehlung auf einem rein wissenschaftlichen Verfahren, es ist also nicht gewährleistet, dass die Ergebnisse in der Realität auch Sinn ergeben. Beide Ansätze weisen aber auch Stärken auf. Vorteile der bedarfsorientierten Verfahren sind z.B. die hohe zeitliche Stabilität, die Nachvollziehbarkeit und die Realitätsnähe der Ergebnisse aufgrund der Erfahrung der Modellersteller. Stärken der statistischen Verfahren zeigen sich in der Flexibilität bezüglich der verwendeten Variablen und der Möglichkeit ein Modell an aktuelle Daten anzupassen. Außerdem liefern die statistischen Ansätze eine Reihenfolge von Produkten als

---

[24] „Mit abnehmenden Strukturgrad wird die Zahl der möglichen richtigen oder teilrichtigen Antworten größer …" [Lienert/Raatz 1998].

Ergebnis, aus der ein einziges zu empfehlendes Produkt ausgelesen werden kann.

Insgesamt ist festzustellen, dass sich die bedarfsorientierten und die statistischen Verfahren gegensätzlich ergänzen könnten. Beispielsweise sind die bedarfsorientierten Ansätze nachvollziehbar und liefern ein Segment mit mehreren Produkten als Ergebnis, während die statistischen Ansätze nicht nachvollziehbar sind und genau ein zu empfehlendes Produkt liefern. Um eine qualitativ möglichst hochwertige Produktempfehlung generieren zu können bietet es sich daher an, die beiden Ansätze zu kombinieren, um die Stärken beider Verfahren zu vereinen. Eine mögliche Kombination dieser Verfahren wird im folgenden Kapitel vorgestellt.

4. Kombination aus statistischem und bedarfsorientiertem Ansatz

Mit der Kombination der beiden Ansätze sollen die Vorteile der einzelnen Verfahren kombiniert werden, um ein möglichst optimales Ergebnis zu erhalten. Beispielsweise kann in einem ersten Schritt ein bedarfsorientierter Ansatz angewendet werden. Als Ergebnis entstehen Segmente mit Produkten, die für einen Kunden in Frage kommen. Auf die Produkte dieser Segmente kann anschließend eine multivariate Analysemethode angewendet werden, um das für die Produktempfehlung am meisten geeignetste Produkt zu ermitteln. Es wird also das Produkt aus dem Segment des Kunden ausgewählt, dass aufgrund der Kundenmerkmale die höchste Wahrscheinlichkeit besitzt, vom Kunden gekauft zu werden. Mit dieser Vorgehensweise werden die Kunden in Segmente eingeteilt, dies kann z.B. anhand der Lifestyle Typologie passieren. Anschließend wird der Bedarf der einzelnen Segmente ermittelt und die Produkte werden entsprechend dem Bedarf den Segmenten zugeteilt. Damit ergibt sich für jeden Kunden eine Gruppe von Produkten die aufgrund seines Segmentes für ihn in Frage kommen. Schließlich wird dem Kunden ein Produkt aus diesem Segment empfohlen, das beispielsweise aufgrund der Wahrscheinlichkeiten einer logistischen Regressionsanalyse ermittelt wird. Folgende Graphik veranschaulicht wie so ein Vorgehen, das auf der Kombination eines bedarfsorientierten - und eines statistischen Ansatzes beruht, aussieht:

Abbildung 7: Kombination eines bedarfsorientierten und eines statistischen Verfahren

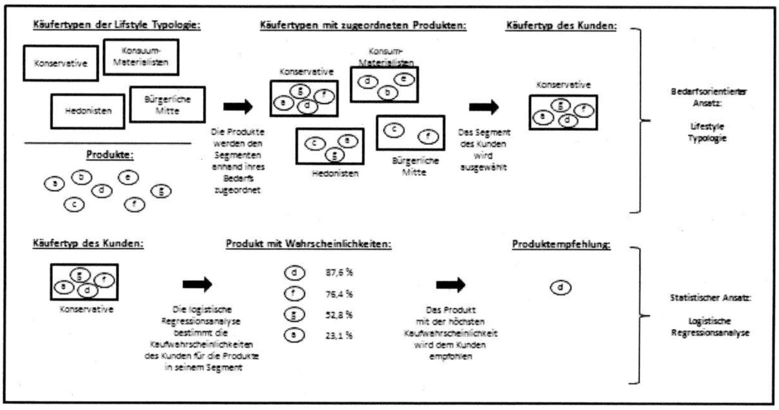

(Quelle: eigene Abbildung)

Durch diese Kombination ergeben sich viele Vorteile, die im folgendem näher erläutert werden. Einer davon ist, das als Ergebnis des Verfahrens eine Reihung von Produkten mit Kaufwahrscheinlichkeiten resultiert, und kein Segment. Damit kann genau ein passendes Produkt empfohlen werden. Außerdem schließt die Eingrenzung der geeigneten Produkte anhand von Erfahrungen und Expertenwissen aus, dass ein laut reiner statistischer Berechnung passendes, aber absolut unlogisches Produkt empfohlen wird (Beispielsweise eine Kreditkarte für einen Jugendlichen). Es ist also gewährleistet, dass den Kunden plausible Produkte angeboten werden. Des Weiteren bleibt das Ergebnis trotz statistischer Berechnung durch die Eingrenzung der Produkte nachvollziehbar und transparent, da das Produkt zu einem Segment wie z.B. einem Käufertyp oder einer sozialen Schicht gehört. Ein weiterer Vorteil der Kombination ergibt sich daraus, dass alle Informationen, u.a. auch der bisherige Produktbesitz für die Produktempfehlung berücksichtigt werden. Die logistische Regressionsanalyse ermittelt z.B. aus allen zur Verfügung stehenden Daten die signifikanten Variablen und generiert mit deren Hilfe die endgültige Produktempfehlung. Dies hat positive Auswirkungen auf die Kaufverhaltensrelevanz der Produktempfehlung. Auch der Aufwand der statistischen Berechnungen verringert sich, da die multivariate Analysemethode nicht mehr auf alle vorhandenen, sondern nur noch auf die durch das Segment eingegrenzten Produkte, angewendet werden muss. Zudem sind Segmente zeitlich relativ stabil und die multivariaten Analysemethoden können immer die aktuellsten Daten berücksichtigen. Auch das Fehlen von Referenzdaten kann kompensiert werden. Sind beispielsweise bei einem neuen Produkt keine Referenzdaten für eine statistische Berechnung vorhanden, kann das Produkt einem Segment zugeordnet werden.

5. Ausblick

In den vorangegangenen Kapiteln wurden mehrere Möglichkeiten vorgestellt wie das individuell passende Produkt für einen Kunden ermittelt werden kann. Die individuelle Produktempfehlung stellt wie im ersten Kapitel bereits erwähnt ein Mittel dar um die Kundenbindung zu verbessern um damit den Entwicklungstendenzen bei Banken (u.a. erhöhte Wechselbereitschaft bei Kunden, größerer Konkurrenzdruck) entgegenzuwirken.

Offen bleibt die Frage, wie das Wissen über das zu empfehlende Produkt eingesetzt werden kann. Hierfür kann jeder Kommunikationsweg genutzt werden. Im Internet kann dem Kunden beispielsweise nach seinem Log-In ein Banner oder ein PopUp-Fenster mit dem zu empfehlendem Produkt angezeigt werden. Zusätzlich können die Wartezeiten an einem SB-Kanal, z.B. wenn der Kunde an einem Automat Geld abhebt, genutzt werden, um dem Kunden sein individuelles Produkt zu präsentieren. Weitere Alternativen bilden neben den klassischen Methoden der Direktwerbung per Post oder Telefon auch persönliche Ansprachen mit Produktempfehlungen per Email oder SMS. Allgemein zu beachten ist aber, dass dem Kunden über alle Kommunikationswege das gleiche Produkt angeboten wird. Außerdem sollte immer eine Überleitung zu einem weiterführenden Dialog angeboten werden. Damit kann der Kunde auf die Produktempfehlung reagieren und die Reaktionen können bei der nächsten Empfehlung berücksichtigt werden. (vgl. [Bartmann 2003, S.110-111])

Ein neuer Kanal für Interaktionen zwischen Unternehmen und Kunden hat sich mit den „Sozialen Netzwerken" wie z.B. Facebook[25], Twitter[26] oder Xing[27] aufgetan. Viele große CRM-Anbieter befassen sich mittlerweile intensiv mit dieser neuen Möglichkeit. Aus den Chatforen dieser Netzwerke können viele Informationen über einen Kunden herausgefiltert werden, beispielsweise können Meinungen und Einstellungen eines Kunden analysiert und klassifiziert werden. Aktuell werden die „Sozialen Netzwerke" nur für die Gewinnung von Kundendaten verwendet, aber in dieser Schnittstelle zwischen einem Kunden und einem Unternehmen schlummert noch Potential. Gegebenenfalls kann

---

[25] Vgl. www.facebook.de

[26] Vgl. www.twitter.com

[27] Vgl. www.xing.de

einem Kunden in Zukunft auch über diesen Kommunikationskanal sein individuell passendes Produkt angeboten werden. (vgl. [a3-boom 2011, S.14])

Literaturverzeichnis

[a3-boom 2011]
a3- boom: CRM auf dem Weg ins Social Web, in: a3-boom, 2011, Heft 06, S.14

[Backhaus/Erichson/Plinke/Weiber 2006]
Backhaus, K., Erichson, B., Plinke, W., Weiber, R.: Multivariate Analysemethoden. Eine anwendungsorientierte Einführung, 11. Auflage, Springer, Berlin Heidelberg 2006.

[Bartmann 2003]
Bartmann, D. (Hrsg.):Kundenmanagement im Privatkundengeschäft von Banken, Band 13, Universitätsverlag Regensburg, Regensburg 2003.

[Berekoven/Eckert/Ellenrieder 2006]
Berekoven, L., Eckert, W., Ellenrieder P.: Marktforschung. Methodische Grundlagen und praktische Anwendung, 11.Auflage, Gabler, Wiesbaden 2006.

[Bruhn/Homburg 2001]
Bruhn, M., Homburg, C.(Hrsg.): Gabler Marketing Lexikon, Gabler, Wiesbaden 2001.

[Diller/Köhler 2008]
Diller H., Köhler R.(Hrsg.): Markt- und Kundensegmentierung. Kundenorientierte Markterfassung und -bearbeitung, 2. Auflage, Kohlhammer, Stuttgart 2008.

[Drewes 1996]
Drewes, G.: Marketing-Informationssysteme in Banken. Der Einsatz der Informationstechnologie im operativen Marketing für die breite Privatkundschaft, Eul, Köln 1996.

[Gierl/Helm 2001]
Gierl, H., Helm, R.(Hrsg.): Neuronale Netze als Segmentierungsverfahren für die Marktforschung. Ein Vergleich mit traditionellen Segmentierungsansätzen auf der Basis von Daten aus Monte-Carlo-Simulationen, Band 16, Eul, Köln 2001.

[Holland 2004]
Holland, H.: Direktmarketing, 2. Auflage, Vahlen, München 2004.

[Kesting/Rennhak 2008]
Kesting, T., Rennhak, C.: Marktsegmentierung in der deutschen Unternehmenspraxis, Gabler, Wiesbaden 2008.

[Kleiner 2008]
Kleiner, T.: Ansätze zur Kundensegmentierung und zu deren Implementierung

im Finanzdienstleistungssektor. Eine empirische Analyse im Privatkundensegment von Banken, Gabler, Wiesbaden 2008.

[Knüppel 1989]
Knüppel, H.: Umweltpolitische Instrumente: Analyse der Bewertungskriterien und Aspekte einer Bewertung, Nomos, Baden-Baden 1989.

[Krahl/Windheuser/Zick 1998]
Krahl, D., Windheuser, U., Zick F. K.: Data Mining. Einsatz in der Praxis, Addison Wesley Bonn 1998.

[Krumnow/ Gramlich 2000]
Krumnow, J., Gramlich, L.: Gabler Bank Lexikon, 12. Auflage, Gabler, Wiesbaden 2000

[Kühn/Rehm 2005]
Kühn, M., Rehm, E.: Online Finanzcheck: Schnelltest für eilige, in: Bank und Markt, 2005, Heft 11, S. 30-33.

[Lienert/Raatz 1998]
Lienert, G. A., Raatz U.: Testaufbau und Testanalyse, 6. Auflage, BeltzPVU, Weinheim 1998.

[Link/Brändli/Schleuning/Kehl 1997]
Link, J., Brändli, D., Schleuning, C., Kehl, R.E.: Handbuch Database Marketing, 2. Auflage, IM, Ettlingen 1997.

[Lis 2009]
Lis, B. K.: Kundenakzeptanz des Direktmarketing, Diss., St. Gallen 2009.

[Meffert 1986]
Meffert H.: Marketing. Grundlagen der Absatzpolitik, 7. Auflage, Gabler, Wiesbaden 1986

[Meffert 2000]
Meffert, H.: Marketing. Grundlagen marktorientierter Unternehmensführung. Konzepte – Instrumente – Praxisbeispiele, 9.Auflage, Gabler, Wiesbaden 2000.

[Meffert/Burmann/Kirchgeorg 2008]
Meffert, H., Burmann, C., Kirchgeorg, M.: Marketing. Grundlagen marktorientierter Unternehmensführung. Konzepte – Instrumente – Praxisbeispiele, 10. Auflage, Gabler, Wiesbaden 2008

[Meffert/Steffenhagen/Freter 2009]
Meffert, H., Steffenhagen, H., Freter, H.(Hrsg.): Identifikation und Ausschöpfung von Up-Selling-Potentialen. Ein Beitrag zur Segmentierung von Aufsteigern, Band 53, Gabler, Wiesbaden 2009.

[Niemeyer/Nirschl 2006]
Niemeyer, V., Nirschl, M.: Vertriebsstärke im Retail Banking. Status Quo und

Trends im Vertrieb deutscher Banken, Ibi Research an der Univ. Regensburg, Regensburg 2006.

[Pepels 2000]
Pepels, W. (Hrsg.): Marktsegmentierung. Marktnischen finden und besetzen, Sauer, Heidelberg 2000.

[Pietsch 1999]
Pietsch, T: Bewertung von Informations- und Kommunikationssystemen: ein Vergleich betriebswirtschaftlicher Verfahren, Schmidt, Berlin 1999.

[Pilger 2008]
Pilger, J: Segmentierungs- und Klassifikationsmethoden der Statistik und des Data Mining. Einsatzmöglichkeiten und Früherkennungspotenziale im Vertriebscontrolling eines Direktvertriebs, Kovac, Hamburg 2008.

[Reeb 1998]
Reeb, M.: Lebensstilanalysen in der strategischen Marktforschung, Gabler, Wiesbaden 1998.

[Rudolph/Rudolph 2000]
Rudolph, A., Rudolph M.: Customer Relationship Marketing – individuelle Kundenbeziehungen, Cornelsen, Berlin 2000.

[Ruhland/Schober 2005]
Ruhland, J., Schober, F. (Hrsg.): Zielgruppenselektion für Direktmarketingkampagnen, Band 9, Peter Lang, Berlin 2005.

[Sparkasse 2011]
Sparkasse: Banken können im Kundenservice von Amazon lernen. Datenfülle zu wenig genutzt, in Sparkassen Zeitschrift, Heft 26, 2011, S. B5.

[Stuhldreier 2002]
Stuhldreier, U.: Mehrstufige Marktsegmentierung im Bankmarketing, Gabler, Wiesbaden

Der Autor

Stephan Schoch wurde 1986 in Ingolstadt geboren. Nach seinem Abitur am Christoph-Scheiner-Gymnasium in Ingolstadt begann der Autor ein Wirtschaftsinformatikstudium an der Universität Regensburg mit den Schwerpunkten IT-Finance und IT-Security. Das Studium schloss der Autor im Jahr 2011 mit dem akademischen Grad Bachelor of Science ab. Durch verschiedene Praktika unter anderem im Bankbetrieb der Allianz konnte der Autor Erfahrungen mit der Erstellung von kundenindividuellen Produktempfehlungen sammeln und diese im vorliegenden Buch festhalten.